U0837734

档案信息资源与数字化管理开发研究

林婷婷　冯秀莲　林苗苗　著

哈尔滨工程大学出版社
Harbin Engineering University Press

内容简介

本书属于档案信息资源开发方面的著作，主要研究的是档案信息相关内容，分别从档案开发的主体与客体、档案开发的途径与方法、档案开发的环境条件、档案资源的开发管理等方面分析开发档案信息的方式方法，进而使档案资源更加便于使用。

本书可作为高校相关专业的教材，也可供从事档案管理的相关学者与工作者学习、参考。

图书在版编目（CIP）数据

档案信息资源与数字化管理开发研究 / 林婷婷，冯秀莲，林苗苗著. — 哈尔滨 ：哈尔滨工程大学出版社，2022.9

ISBN 978-7-5661-3691-6

Ⅰ. ①档… Ⅱ. ①林… ②冯… ③林… Ⅲ. ①档案管理-信息化建设-研究 Ⅳ. ①G270.7

中国版本图书馆 CIP 数据核字（2022）第 170725 号

档案信息资源与数字化管理开发研究

DANG'AN XINXI ZIYUAN YU SHUZIHUA GUANLI KAIFA YANJIU

选题策划 石 岭
责任编辑 章 蕾
封面设计 李海波

出版发行 哈尔滨工程大学出版社
社　　址 哈尔滨市南岗区南通大街 145 号
邮政编码 150001
发行电话 0451-82519328
传　　真 0451-82519699
经　　销 新华书店
印　　刷 哈尔滨市石桥印务有限公司
开　　本 787 mm×1 092 mm　1/16
印　　张 10
字　　数 230 千字
版　　次 2022 年 9 月第 1 版
印　　次 2022 年 9 月第 1 次印刷
定　　价 49.80 元
http://www.hrbeupress.com
E-mail:heupress@hrbeu.edu.cn

前　言

档案管理工作是用科学的理论和方法管理档案，为各级党政机关、社会组织和个人提供档案服务的工作。档案管理工作的基本任务是收集齐全、妥善保管、整理加工和开发利用各种门类和载体的档案，不仅为档案形成者的各项管理工作服务，而且应承担起记录历史、传承文化的社会重任。

计算机和网络技术的普及应用，正在改变着人们的工作、学习、生活方式，社会大众获取信息的方式和渠道已经发生了根本性的变化。古老的档案工作面对社会环境的巨大变化必须以变应变，通过改变传统档案管理方式以适应新环境和新形势的要求，寻求档案事业的生存与发展。档案是人类活动的历史记录，真实反映社会的发展轨迹。档案数字化就是将传统类型（纸质文件、照片、录音、录像等）载体的档案通过专用设备转化为计算机可以认读、网络可以传输的数字信息，方便使用者获取使用。为此，国家档案局做出了加快传统档案数字转化进程的部署与要求，因而档案数字化工作已经成为全国各档案部门的重点工作内容之一。

档案作为人类社会活动的真实记录，是社会信息资源构成的一个重要组成部分，信息储量大，具有广泛的实用性。档案信息资源的开发利用就是在档案工作领域运用现代信息技术采集、处理、传递和使用信息资源，提升档案工作质量的过程。档案信息资源的开发利用，包括开发和利用两个方面。开发的任务是生成有用信息，通过信息的生产来确保信息的供给。利用是实现信息的价值，确保信息能够在各项活动中发挥作用，产生效益。可以说，档案信息资源开发是基础，利用是目的。本书作为档案信息资源开发方面的著作，分别从不同方面研究了开发档案信息资源的方式方法，希望对开发档案信息资源具有一定的价值。

本书共七章，林婷婷负责撰写一～三章，约 9.3 万字；冯秀莲负责撰写四～五章和文前，约 7.5 万字；林苗苗负责撰写六～七章和参考文献，约 6.2 万字。

由于作者才疏学浅，书中难免有不妥之处，恳请广大读者批评指正。

著　者

2022 年 5 月 25 日

目　　录

第一章　档案资源开发与信息组织 …… 1

第一节　档案资源开发 …… 1

第二节　档案数字化 …… 9

第三节　信息组织技术 …… 14

第二章　传统文件档案及其数字化管理 …… 17

第一节　文书档案及其数字化管理 …… 17

第二节　高校学籍档案及其数字化管理 …… 20

第三节　科技档案及其数字化管理 …… 25

第四节　人事档案及其数字化管理 …… 28

第五节　会计档案及其数字化管理 …… 29

第三章　档案开发利用的主体与客体 …… 34

第一节　档案开发利用主体的类型 …… 34

第二节　档案馆信息资源的开发类型 …… 42

第三节　影响档案开发主体的因素 …… 45

第四节　档案信息资源开发主体的社会意识 …… 48

第五节　档案信息的范畴 …… 51

第六节　档案信息的变革 …… 58

第四章　档案开发利用的途径与方法 …… 67

第一节　档案开发利用的模式和原则 …… 67

第二节　档案开发利用的途径和方式 …… 69

第三节　档案开发利用的步骤 …… 80

第五章　档案开发利用的环境条件 …… 100

第一节　档案开发利用的社会条件 …… 100

第二节　档案开发利用的经济条件 …… 101

第三节　档案开发利用的技术条件 …… 102

第四节　档案开发利用的法律条件 …… 105

第六章　数字档案资源展示技术 ………… 108
第一节　基于信息可视化的数字档案资源展示 ………… 108
第二节　档案资源展示平台 ………… 113
第七章　数字档案资源开发管理 ………… 124
第一节　数字档案资源长期保存 ………… 124
第二节　数字档案资源安全防护 ………… 139
第三节　数字档案资源开发规划 ………… 145
参考文献 ………… 150

第一章　档案资源开发与信息组织

第一节　档案资源开发

档案的资源效应只有在人们的利用过程中才能得以体现，只有在开发利用并服务于社会的实践中才能得以实现。开发档案资源是发掘档案文化内涵、提升档案服务品质、加快档案文化传播、实现档案现实价值的有效途径。

一、基本含义

开发档案资源，适应社会发展进程，服务社会现实需要，是档案机构的重要目标和根本任务。档案资源开发通过档案资源的采集、加工、存储和传递实现档案价值增值，将档案信息由静态信息转化为动态信息、从信息片段转化为信息集合、从实体资源转化为智慧资源，从而最终达到全面挖掘档案潜在信息、有效满足档案利用需要的发展目标。档案资源开发的根本目的在于，按照"广、快、精、准"的基本准则，深入发掘档案资源中蕴藏的有利用价值的档案信息，寻找和获取更为集中、系统或有特定价值的知识与智慧，为社会各领域有效提供具有特定需求的档案用户，从而实现档案资源和档案用户的需求对接、资源关联和服务匹配。

在档案资源开发中，必须充分运用科学合理的技术和方法，实现"五个促进"，即促进档案资源价值实现，促进档案机构融入社会，促进档案管理转型升级，促进社会体系科学构建，促进社会事业持续发展。因此，档案资源开发是指为了满足不同的档案需求，对各种载体和形式的档案或档案集合进行加工处理，以形成各种档案产品或服务的过程。就基本含义而言，通常把档案资源开发看成是档案文化开发、档案文化资源开发、档案信息资源开发、档案开发等概念的同义词或近义词，与档案资源开发利用、档案文化开发利用、档案信息资源开发利用和档案开发利用等概念具有递进关系且紧密关联。

二、主要原则

充分认识档案资源开发利用工作的重要性和紧迫性,加强档案资源管理,促进档案资源利用,深化档案资源开发。

就社会总体而言,档案资源数量巨大、内容丰富。在档案资源开发中,需要准确地把握档案资源开发的原则,在正确预测和准确把握档案资源利用需求的基础上,有针对性地开发利用档案资源。

(一)主动开发

建设文化强国和档案强国,促进社会主义文化大发展、大繁荣需要档案资源开发。国家和社会发展为档案资源开发提供了难得的历史机遇,档案资源开发在建设文化强国和档案强国中大有可为。因此,档案资源开发首先应坚持主动开发的原则。长期以来,档案机构和档案工作者更多地以档案收藏者与保管者的形象出现,档案机构和档案工作者积极主动的心态相对缺乏。主动地开发、利用和共享档案资源,是档案资源真正走出馆舍、走进社会、走近群众的有效途径。

要实现档案资源的价值和使命,必须变被动为主动,积极开发档案资源。一是激发档案机构和档案工作者的主观能动性。档案机构和档案工作者要深刻领悟档案资源的文化属性和档案工作的文化真谛,明确档案文化建设在社会文化大繁荣、大发展中的重要地位,积极投身档案文化建设,主动开发档案资源,在实现档案资源价值的同时实现他们的自我价值。二是主动创新档案资源开发的手段和途径。档案机构和档案工作者要发挥档案资源重要的社会价值,主动把握档案资源的现实状态,主动了解社会利用者的新需求,主动开发档案产品和服务新形式,主动开辟档案传播新渠道,将档案产品和服务推向社会,将档案资源有效地融入社会发展之中。

(二)技术驱动

档案资源开发具有深刻的技术背景。在数字时代,各种技术的演化和发展成为档案管理关键的发展动因。信息技术的不断进步不仅有力地推动着档案事业发展观念的进步、方法的变革和效益的提高,而且改变了档案资源开发的基础。现代信息技术具有强大的信息传输能力和先进的信息处理能力,拥有个人移动性和不受限制的通信方式,形成了基于智能化技术的新型信息服务形式。档案资源开发必须高度重视现代信息技术的发展,并有效地应用于开发实践之中。

正是在信息技术背景下,技术驱动的档案资源开发有更强大的技术支撑和更广阔的服务空间。传统档案资源开发更多集中于档案的基本编研产品和提供直接到馆咨询与提供利用服务等。随着科学技术,尤其是网络技术的发展,基于网络的新型档案产品和服务不断出现，精彩纷呈的网络展览和快捷方便的数字化档案成为档案服务的重要形式。异地档案信息服务更依赖于信息技术的发展，尤其是高速的信息网络和有效的信息沟通。同时，技术驱动的档案资源开发有更高效的开发效率和更优质的开发质量。在传统的档案资源开发中，原始信息获取困难，特别是一些跨机构档案资源开发工作受到极大的限制。随着技术的发展，网络信息共享使得档案资源开发者可以便捷地通过网络查档服务获取档案资源和相关资源，进一步提高工作效率。现代信息技术使更多的档案产品得以开发、更广阔的服务空间得以拓展，档案网站成为重要的档案管理平台，博客、微博、微信等社交媒体的应用使档案传播渠道更加丰富多彩。

（三）需求导向

档案资源开发必须始终坚持以人为本，以社会利用者为中心。任何档案资源开发都是与特定的社会利用者联系在一起的。档案资源开发主要是满足人们的精神需要，服务于社会的档案需求。档案资源开发过程本身就是不断满足社会利用者的精神和文化需求的过程。同时，档案资源开发的效果、效率最终都要由社会利用者来给予评价，必须从满足社会利用者的精神和文化需求的数量与质量来给予评价。传统的档案资源开发以馆藏资源为本位，有什么样的馆藏就开发什么样的档案产品，缺乏对于用户需求的考量，一定程度上造成了不同档案机构档案产品和服务的同质化。表面上各种编研产品、展览、出版物等形式丰富，但是却缺乏实际的用户基础，没有真正发挥档案资源开发应有的作用。

需求导向的档案资源开发就是要改变这种状况，充分研究社会大众的精神和文化需求，结合档案机构自身的资源优势，做好整体的规划，避免重复开发，降低同质化程度，真正提高档案资源的有效利用率。需求导向的档案资源开发，首先要有效了解社会利用者的精神和文化需求的影响因素，掌握其需求的规律特征。社会利用者的需求受到个人因素、心理状态、行为特征等影响。其中，个人因素主要是指职业、经历、工作性质、文化水平、兴趣爱好等个人所特有的因素；心理状态包括求快心理、求准心理、求新心理、求进心理、求知心理等；行为特征主要是指在档案资源利用过程中的行为表现。

每一个人在日常生活中都必定要在他所处的环境里进行一定程度的运动，也就是在某条道路上行走。无论哪一种运动和哪一条道路，人们在这个过程中都有意无意地按照某一个基本原则来进行，即从多方面加以考虑并结合主客观条件，选择一条符合自己条件和要求的道路，使得自己付出最小努力而获得最大报偿。社会利用者的精神和文化需求及其档案利用行为同样期望并遵循“最小努力原则”。在档案资源开发中，真正遵循需求导向原则，就是要把握社会利用者精神和文化需求的影响因素、规律性特征，有针对性地开发档案产品和服务，做到精准开发、精准“营销”，提高档案资源开发的效率。在某种意义上，社会利用者也是档案资源开发的参与力量，不仅要以利用者的档案利用水平及其对档案产品和服务的满意度作为衡量档案资源开发水平的重要指标，而且要让利用者直接参与档案资源开发,提升档案资源开发中的用户互动性。

(四)特色发展

一种文化有没有强大的生命力,主要看其是否具有鲜明的特色。从国家层面来看,越是民族的就越是世界的。从区域层面来看,越是具有浓郁地域特色的就越有吸引力。从行业层面来看,越能凸显行业特色的就越不可替代。档案馆藏和档案资源的旺盛且持久的生命力就在于其特色。在档案资源开发中,必须以具有鲜明特色的档案产品和服务引导社会档案需求,提升档案资源开发的社会竞争力。

特色是指事物所表现的独特色彩和风格。特色档案产品和服务是对档案管理中服务特性的描述,是具有独特魅力的产品和服务,是在长期的档案资源开发实践中,结合档案部门本身的资源优势和社会需求的基础上,有目的地形成和提供与众不同的产品和服务。具体来说,特色档案产品和服务主要包括特色内容、特色方式、特色对象等。其中,特色内容就是从资源特色的角度开发档案文化资源,包括地方特色、专业特色、档案载体特色等。特色方式是在传统的社会利用者到馆利用资源的服务基础上,开展的多层次、多类型、全方位的服务方式。特色对象就是细分社会利用者,根据其群体或个体的特色提供相应的档案产品和服务。

三、基本方法

作为档案服务和档案利用的高级形式,档案资源开发是建立在以传递档案信息为主要目的的基于档案实体的档案资源服务之上,是以发掘档案信息内涵为主要目的的基于档案内容的档案资源开发。其中,基于档案实体的档案资源服务主要是通过档案查阅服务、档案复制服务、档案证明服务、档案咨询服务等方式,更多的是以被动方式满足社会的档案信息需求,档案利用者一般需要到馆才能获得档案信息服务。基于档案内容的档案资源开发要充分挖掘和发现蕴藏于档案资源中的信息内涵,通过一次文献、二次文献和三次文献共同构成的档案文献体系,主动以优质的档案产品和档案服务,切实服务于现实社会的发展,满足社会和广大群众的档案信息需求。

(一)档案编研

档案编研工作是根据社会的需要,依据一定的原则、方法和步骤要求,对档案内容进行选编和研究,为社会提供档案信息资源服务的一项专业性工作。档案编研是解决档案管理与利用之间矛盾的重要手段,是服务文化大发展、大繁荣的时代要求,是提高档案文化建设水平的根本途径。档案编研工作的成果类型正在不断丰富化,尤其是随着网络技术和现代信息技术的发展,出现了许多新的形式并不断固化。档案编研的主要成果如下。

1. 历史档案汇编

历史档案指形成时间较早，离当前时间较为久远，主要起印证历史、丰富历史文化作用的档案。历史档案是相对现行档案而言的，通常指中华人民共和国成立以前的档案。汇编历史档案，关键要突出地方特色、馆藏特色，把握选题的角度。通常，可以从反映重要历史人物、主要历史事件、重要历史机构、重要历史会议、重要文种、某地区某方面内容、特定问题、特定历史时期、特定家族等不同角度进行选题。

2. 现行文件汇编

现行文件汇编收录的是正在发生效力的现行文件，是现行文件汇集的统称。随着各地现行文件服务中心的建设，社会对现行文件信息的需求在不断增加，客观上要求现行文件服务紧贴中心工作，贴近社会需求，有效满足社会各阶层、各领域、各方面对现行文件信息的多样化需求。开展现行文件汇编服务，是主动为社会提供系统的现行文件信息服务的一种重要方式。现行文件汇编的常见类型有专题文件汇编、重要文件汇编、会议文件汇编等。

3. 科技档案资料汇编

汇编科技档案资料是从分析用户类型及其需求特点的角度去选择编纂题目的，通常可以从科研人员、工程技术人员、管理人员、各级领导和广大群众的不同需求角度去选题。

4. 档案利用效果典型实例汇编

档案利用效果典型实例汇编是把档案信息利用效果中产生了良好社会效益或经济效益的具有典型性的真实事例收集起来，按编研工作的程序和方法汇集成的一种特殊参考资料。这既是档案机构向社会提供有效服务的真实记录，也是对档案价值和档案文化的宣传。

5. 大事记

大事记是一种以时为经、以事为纬，严格按照时间顺序来系统、简明地记述和反映特定组织机构在一定历史时期内发生的大事、要事的史料型参考材料。

6. 组织沿革

组织沿革是系统记述和反映一个组织的机构设置（包括内部机构）、职能、人员编制、体制变革等若干方面历史情况的史料型档案参考资料。

7. 基础数字汇编

基础数字汇编是以数字的形式反映某一单位、某一地区、某一专业系统全面情况或某一方面基本情况的一种档案参考材料，又称统计数字汇编。编写基础数字汇编是对分散在档案中的各种数字的统计汇总，便于利用者了解情况、研究问题、总结经验、制订计划、决策参考，也可以为举办展览、宣传教育提供典型材料。

8. 文摘型档案汇编

文摘型档案汇编是以内容摘要的形式揭示档案信息的简介类研究成果，不需要增加评论、补充、解释，属于档案信息的二次加工成果。文摘型档案汇编的常见种类有档案资料文摘、重要会议简介、产品简介、工程简介、设备简介、成果简介等。

9. 手册

手册是以档案材料的内容信息为依据，简明扼要地记述或罗列有关专业知识、基础数据、计算公式、基本方法、措施、工作规范或流程等内容的资料性、知识性的工具书。

10. 年鉴

年鉴是以记述机关单位、社会组织一年内的新情况为主要内容的历史性、资料性工具书。如果把机关单位或社会组织若干年的年鉴依序排列起来，实际就成了编年体史册。按内容性质划分，年鉴可分为综合性年鉴和专业性年鉴两种。

11. 史志

常见的史志编写有两类，一是地方志，二是单位志。地方志是全面、客观、系统地记述某行政区域内自然、政治、经济、文化、社会的历史与现状的资料性文献，是地方性百科全书，是一种以档案为主的编研记载材料，属于提取档案信息生成的三次加工编研成果。单位志的编写可从创立时间开始，记述各时段的基本情况，主要包括单位上下级隶属关系及其变化、单位人数的变化、领导人的更替、内设机构及其负责人的变化；各个时段的工作任务；曾经取得的经济效益、社会效益、工作业绩；曾经获得的荣誉和奖项，单位组织或参与的重大活动、领导视察等重要事项。

（二）档案展览

档案展览是为了配合特定的目标和任务，按照一定的主题和范围，系统地揭示、反映档案机构所保存档案的具体内容与文化影响的一种档案提供利用方式和档案宣传工作方式。档案展览以馆藏档案资源为基础，以档案文化发掘为目的，以服务和支撑社会发展现实为落脚点。档案展览面向社会大众，在展现档案魅力、服务发展现实、实现文化传承方面，具有十分重要的作用。

1. 根据陈列时间区分

在陈列时间上，档案展览可以是长期的，也可以是短期的。在展览规模上，档案展览可以是大型的，也可以是小型的。具体选用哪种形式，则要根据实际情况，尤其是展览的不同目的、对象、特点来确定。根据陈列时间，档案展览一般可以分为长期展览和临时展览两种类型。

（1）长期展览

长期展览又称主题展览，是档案机构以自有的专门展览空间，选择馆藏档案资源中的精品，在较长时期内面向社会大众开放的展览。在开办后，长期展览的主题、内容和结构一般不再做大的调整，可根据参观者的反馈意见进行适当的修订和完善。长期展览的主题主要围绕国家、地区、城市和特定范围内经济、社会、文化、科技等多个方面或者特定方面，面向社会开展档案文化传播和宣传教育活动。

(2)临时展览

临时展览又称专题展览,是长期展览的拓展和变化形式,是档案机构根据特定时期的特定工作需要,结合社会需求,利用重大纪念日、节日和庆祝日,或者配合重大活动,按照一定的专题举办的档案展览。根据需要,临时展览可以根据其效果,或者撤展,或者成为长期展览。

2. 根据陈列方式区分

在档案展览中,展览形式的多样化成为一大趋势。按照陈列方式,档案展览一般可以分为固定展览、巡回展览和网络展览三种类型。

(1)固定展览

固定展览即传统的实地展览,一般在档案机构内利用专门的场地举办。这是档案展览中最为常见的一种形式。

(2)巡回展览

巡回展览是为了方便社会公众参观展览而在多个地方轮流举办的档案展览,一般选择在公园、市区等人流量较大的场所,或者在与展览内容有直接关联的社区、学校和机构展出,不受场地的特别限制,可以更有效地开展档案专题教育活动。

(3)网络展览

随着网络时代的到来,网络展览以其形式独特、受众面大、影响广泛、参观方便、浏览生动等特点深受社会大众的普遍欢迎。和传统形式的档案展览相比,网络展览可以节省大量的人力、物力、财力,同时参观也不受任何时间的限制。网络展览可以与实地展览等同时举办,逐渐成为档案展览中的主流方式之一。

(三)档案文献专题片

文献专题片是指宣传反映党和国家重大历史事件,以及党和国家领导人生平业绩的电视专题片、电影纪录片。档案文献专题片是以档案为基础拍摄的以特定历史事件和历史人物为对象,利用电视和网络等多种方式传播的文献专题片。一般而言,文献专题片的主要依据就是档案,因此,在某种意义上,文献专题片指的就是档案文献专题片。

同时,档案文献专题片不局限于电视专题片,其传播途径更加多元,网络传播甚至比广播电视等具有更好的传播效率。档案文献专题片是以档案资源为基础、档案文化传播为目的、多种媒体技术为手段的文献专题片,在档案文化建设中具有突出的作用,是档案文化建设的新型成果,是档案事业发展的重要体现,是档案文化传播的有效途径。

(四)档案文化礼品

档案文化礼品是具有特定或多项档案文化元素,以档案文化创作、创造、创新为手段,以档案文化内容和创意成果为核心,在档案资源开发中设计、制作和生产的文化礼品。档案文化礼品是文化创意的一个分支。开发档案文化礼品对于扩大档案文化的社会影响力,提高档案机构的社会知名度尤其重要。开发档案文化产品可以实现档案资源的深度开发,促进档案资源与其他文化资源的有效配置,探索档案文化产业化发展的途径和手段。从社会意义上看,开发档案文化产品可以丰富文化礼品种类,带动文化市场的结构完善,扩大整体规模,从而进一步推动社会创意产业的发展。

1. 档案精品读物

以档案编研为基础,编写档案精品读物是档案文化礼品开发最基本的方式。把档案精品读物作为档案文化礼品,在本质上是对档案编研的更高要求,是档案编研精品意识和品牌意识的最终体现。档案精品读物不仅具有阅读价值,而且具有收藏价值。

2. 档案仿真复制

为保持档案原貌特征不变,又不影响对档案的使用,档案仿真复制是最为有效的手段。档案仿真复制是运用现代数字技术、印刷技术等科技手段将档案原件转化为数字文件,再经过相关应用软件处理和后续工作得到档案仿真复制件。目前,可以采用高保真、高精度的数字扫描设备和技术,对档案色彩的数字色彩空间进行转换和计算,做到对档案的真迹、墨韵、着色等的复制再现,制作出高保真的仿真复制品。传统上的档案仿真复制主要针对纸质档案而言。3D 技术是近年来科技领域方兴未艾的一门新兴复制技术,随着其发展和推广,实物档案同样可以仿真复制。

3. 档案衍生用品

随着档案机构不断开放,到档案机构利用档案的社会大众不断增多,提供必要的档案文化礼品是推广档案文化的重要途径。除了档案精品读物和档案仿真复制之外,可以有意识地主动开发档案衍生用品,例如,具有档案文化元素的各类装饰服饰(摆件、衣帽、服装、别针等)、生活用品(随身挂件、手机触摸笔、明信片、老照片等)、办公用品(书签、便签、笔记本、笔筒、鼠标垫、文件夹等)等。所谓档案文化元素,一是在档案衍生用品上展现档案资源的具体内容文字、符号、图像和器物等。例如,可以制作不同主题的档案文化书签,展现档案资源的丰富性和教育性。二是以实物档案为原型,设计制作具有使用价值的衍生用品。例如,以档案机构收藏的圆形器物生产具有纪念意义的笔筒等。

(五)其他

在档案资源开发中,充分运用各种文化形式,特别是要善于运用覆盖面广、受众多、当下流行的文化形式,给档案文化插上飞翔的翅膀,让档案文化产品既可登大雅之堂,又可进群居之巷,既可上领导案头,又可上百姓床头,成为雅俗共赏的文化精品,更多、更好、更快、更精地为社会文化建设提供档案产品和档案服务。

1. 档案文化专栏

在档案资源开发中,与新闻媒体合作逐渐成为档案机构扩大档案文化传播途径的重要选择。通过档案文化专栏,可以充分展示档案文化唯一性、稀缺性及神秘性的巨大诱惑力,同时为档案文化建设的突破提供全新的思路。

2. 档案文化讲坛

近年来,档案机构依托馆藏档案,结合社会热点、大众民生,举办各类讲坛和讲座,开展中华优秀传统文化、社会主义核心价值观教育。档案文化讲坛一般形式比较灵活、主题丰富多彩。

3. 档案文化活动

档案机构独立和联合举办与档案有关的各种文化活动是打开通向社会大门的钥匙,是进一步打造成为社会文化中心的有效手段。近年来,以每年 6 月 9 日国际档案日为契机,全国各级各类档案机构围绕特定主题,集中开展了一系列丰富多样的档案文化活动。除此之外,许多档案机构还专门设立开放日,吸引社会大众对档案文化建设的关注和重视。

4. 档案新媒体

运用新媒体开展档案资源开发和档案文化传播,其中微博和微信等社交媒体是最主要的方式。同时,关于智能手机 App 应用等也在探索中。各类新媒体的整合成为档案资源开发的新趋势。

5. 数字人文应用

作为在应用现代信息技术解决人文领域科学问题的过程中逐步发展起来的新兴研究领域,“数字人文”(digital humanities)起源于“人文计算”(humanities computing),是指围绕人文社会科学的特定研究对象,运用现代信息技术处理和分析相关数字资源,面向主题、关注本体,基于数字仓储、跨学科整合、多机构协同、持续性开发的信息采集、加工、组织、服务、研究、教育活动。

目前,数字人文正广泛地应用于图书馆、档案馆和博物馆等领域。全球已经有数百所大学和科研机构成立了数字人文领域的研究与服务机构,每年开展的数字人文项目达数千项,其中很多项目与档案或历史记忆主题相关。

第二节　档案数字化

为适应档案管理服务环境的新变化和新挑战,随着计算机技术、数据库技术、多媒体技术、存储技术的发展,档案数字化已经成为档案管理服务的新热点和新趋势,是不断提高档案管理服务水平、有效提升档案管理服务效率、切实增强档案管理服务实力的根本途径,是档案信息化建设和现代化建设的重要内容。

一、基本含义

狭义的档案数字化是指利用计算机技术、扫描技术、数字成像技术、数据库技术、多媒体技术、存储技术等技术手段，将非数字化档案资源转化为数字档案资源的过程。数字档案资源以数字化形式存储，以网络化方式联结，利用计算机系统进行管理，形成结构有序、多元检索的档案信息资源库，及时、有效地提供档案资源综合利用，实现档案信息资源的全面共享和深度开发，是档案信息化建设的重要内容。

广义的档案数字化则是指利用计算机信息技术、扫描技术、数字摄影技术、数据库存储技术等手段，将多种载体的档案转化为数字化档案信息，并且通过计算机网络系统将数字化的档案资源以网络结构联结，以扩大和深入开展档案资源开发为目的，建立一个可以实现资源共享的数字档案资源平台，向社会提供多种档案产品和服务。

档案数字化运用现代信息技术将各种载体的档案资源转化为数字档案，实现档案资源的数字化存储、网络化利用和现代化管理。档案资源建设是档案资源开发的基础，档案信息化建设的核心是建设现代化的档案资源体系、档案利用体系和档案安全体系。从档案管理服务的整体来看，档案数字化是档案管理服务即档案资源体系、档案利用体系和档案安全体系建设的全面数字化。

作为档案信息化建设的重要内容，档案数字化是以保护数字化档案母本存在和利用为目的一种档案保护与利用手段。档案数字化工作促进了档案管理和利用模式的转变。档案数字化不仅可以更便捷全面地提供档案服务，还可以有效地保护档案原件，确保档案实体安全。档案机构应该大力推进档案数字化工作，以提升档案管理工作的水平。各级各类档案机构的档案数字化实践的不断推进，档案数字化成为档案安全保密体系建设的重要内容。在档案数字化中，建设方式更加规范、管理流程更加优化、成品质量更加精细，尤其是数字化加工方式逐步由以档案部门自主加工为主转变为以社会化服务为主。

二、主要作用

长期以来，大多数档案机构保存的档案信息形态主要以纸质、缩微胶片和底片等载体形式存在，更多地适应于传统的手工管理和单向传播的服务方式。即便是经过档案编研等形成的档案产品和服务，往往是从点到面的传播，其覆盖范围相对较小，难以真正实现档案社会化，更无法充分实现档案信息资源的价值和效用，完全不能适应当代“数字化生存”的新环境。当前，档案开发利用的社会化程度相对较低，档案资源的经济社会价值难以充分实现，而档案数字化是档案管理服务工作的重大变革，对档案事业的科学发展发挥着积极的推动作用。

（一）档案管理服务变革的重要基础

现代信息技术的发展为档案管理服务提供技术保障，数字化服务方式将成为档案管理服务的主要途径。提高档案资源利用效率，实现档案资源开放共享，增强档案资源服务能力，必须以数字档案资源为基础，档案数字化是档案管理服务现代化不可或缺的重要保障。在完善功能、丰富馆藏和适应需求的前提下，最大限度地利用档案资源，必须建设数字档案馆。档案数字化是传统档案馆走向数字档案馆的必经之路。因为，不管未来的数字档案馆的具体组成结构、组织管理模式如何发生变化，其“馆藏”的数字化特征是肯定的，传统档案的数字化将是其“馆藏”的重要组成部分。

（二）档案事业“三个体系建设”的重要保障

建立健全覆盖人民群众的档案资源体系、方便人民群众的档案利用体系和确保档案安全保密的档案安全体系是档案事业发展的主要内容和努力方向。档案数字化有助于提高档案利用效率，有助于保护历史档案信息，有助于有效规避安全风险，有助于舒缓档案空间紧张。因此，档案数字化是“三个体系建设”的重要保障。数字档案资源可以有效修复档案材料、丰富档案载体形态，是覆盖人民群众的档案资源体系的重要组成和发展趋势。数字档案资源可以通过“一次建设、重复利用”，实现全面共享、深度开发，使档案利用体系能够更加方便人民群众、更好地服务社会发展。数字档案资源可以代替原始档案，开展异地异质保存，有助于全面建设确保档案安全保密的档案安全体系。尤其是通过档案数字化，档案开发利用完全突破了时间和空间的限制，极大地增加了档案资源的开发利用力度和强度，真正让档案资源成为一种开放的社会资源。档案资源开发利用是档案管理服务最为重要的着眼点和落脚点，档案数字化为档案资源开发的社会化、高效化提供了现实的可能和充分的保障。

（三）档案事业科学发展的重要动因

在档案数字化条件下，档案机构从传统档案馆向数字档案馆发展的过程中，档案管理服务必须更加标准化、规范化、程序化、制度化。档案数字化可以极大提升档案资源开发利用的效益和效率，有效推动档案机构管理服务方式的根本性改变，大力提高档案管理人员业务素质和服务能力，从而最终实现档案事业的科学发展。只有档案管理服务质量上去了，档案管理服务人才问题解决了，才能真正使档案数字化建设符合正确的方向，才能真正满足社会发展对档案工作的需求。因此，档案数字化是档案事业科学发展的新生动力。

特别需要强调的是，档案数字化在高等学校历史档案资源开发中具有十分独特的作用。高校档案是高校在人才培养、科学研究、社会服务和文化传承创新中形成的各种档案记录的综合，是高校各项事业科学发展的真实写照，是高校独特的办学传统和优良学风得以形成、继承和发扬的物质载体。尤其是高校长期保存下来的珍贵历史档案更是研究我国高等教育起源、发展和改革的重要资料。计算机网络、数据库、数据存储等各种信息技术的迅猛发展为历史档案科学保管和开发利用创造了前所未有的技术条件。对历史档案进行数字化加工,形成数字化档案,使得档案利用开发既可以不需要翻阅实物,又可以利用现代信息组织技术和数字人文技术等进行历史档案全面开发利用,充分发挥历史档案的价值。尤其是数字化档案的查阅利用不但会更加快捷方便,查准率也会大幅度提高。数字化档案利用取代档案原件利用也起到最大化保护原始历史档案原件的作用。因此,历史档案数字化已经成为高校兼顾历史档案保护和历史档案开发的最理想的发展方式。

三、数字档案资源开发

在现代信息技术的不断推动下,档案信息化建设不断发展,档案数字化建设已经成为现阶段档案信息化建设的重点。与传统档案资源相比,数字档案资源具有存储量大、检索便利、传播快捷、易于开放、便于共享等特点。数字档案资源开发成为当前档案领域关注的重点、热点和难点。

(一)基本现状

档案资源是国家的宝贵财富,是社会组织的无形资产。档案资源具有不可再生性,有效维护其完整性、保密性和可用性,是确保档案资源效用和安全的根本措施。尤其是对于珍贵的历史档案来说,一份档案的丢失或损毁往往意味着一段历史的空白。一般来说,传统档案按照记录信息的方式,大致可分为文字档案、图像档案、声像档案、实物档案四类。档案数字化将传统档案转化为数字档案,为档案资源的深度开发和综合开发奠定了扎实的基础。

从保护和开发档案的角度,利用现代信息化技术对各类档案实施全面数字化,实现对馆藏档案尤其是珍贵的历史档案的抢救性保护,包括文字档案的扫描和全文转录、图像档案的扫描、声像档案的格式转换、实物档案的全角拍摄等,是构建数字档案资源体系的重要手段。

在今天,充分利用数字档案资源优势,创新档案资源开发机制,利用现代信息技术,探索档案资源开发新方法,提高档案资源开发效率,向档案利用者提供主动、灵活、便捷、个性化和可交互的档案利用服务,已经成为档案资源开发的必然选择。因此,构建基于内容的档案资源开发是以档案数字化为基础,面向档案需求,立足档案实体,发掘档案内涵的立体式、多元化、综合化的档案资源开发。

档案数字化是当前档案信息资源建设的一项基础性工作,也是信息时代对档案资源开发的必然要求。档案资源开发在利用需求和服务方式上的多元化发展,对数字档案资源体系建设提出了新的要求。实事求是地讲，当前数字档案资源体系建设还存在一些问题，还不能完全满足档案资源开发的需要。

（二）基本步骤

数字档案资源开发是以数字化为基础的档案资源开发，其基本步骤如下。

1. 档案资源的数字化加工

档案资源的数字化加工主要根据不同档案载体类型采用不同的方法，对档案资源进行数字化扫描或拍照、数字化编目、全文录入等。实施档案资源数字化处理是提高档案资源利用效果、提升档案资源开发效率的基础，是对档案资源进行深度开发利用的基础环节。

2. 数字档案资源库的创建

基于数据库技术等专门技术，对第一阶段形成的档案数字化成果（包括以数字化形式存在的增量档案）以文本库、图像库、多媒体库等多种方式存储，形成档案数字化基础数据库。需要特别说明的是，对档案资源进行数字化扫描形成的是图像库而不是全文库，不能据此计算档案数字化的全文率。

3. 数字档案资源的系统组织

在传统的档案目录基础上，利用多种信息组织技术，从不同的开发视角，对数字档案资源进行重新组织，为满足档案开发利用的多元化需求，实现档案资源深层次挖掘提供多角度、多层次、多维度的档案数据关联基础。

4. 数字档案资源的深度开发

运用现代信息技术对数字档案资源进行深层次挖掘，可视化展示数字化资源，构建专题档案知识库，开发档案编研和档案展览等多种档案产品与服务。

（三）主要内容

目前，数字档案资源的开发主要从以下几个方面展开。

1. 建立数字档案基础数据库

针对传统载体形式的档案，开展档案数字化，对各类馆藏档案进行数字化加工，形成基于现代信息技术的数字档案数据库；针对不断产生的原生态电子档案，通过有效的组织和管理，形成规范化的数字档案数据库。一般而言，数字档案基础数据库主要包括目录数据库、图像数据库、多媒体数据库、全文数据库、题名数据库等多种形式的档案数据库，可以为档案资源的全面开发利用提供扎实的基础数据保障。

2. 基于网络的档案查询服务

随着计算机技术的发展，对各类档案实现案卷级和文件级目录的描述与著录，在建立档案目录库的基础上，提供基于档案目录数据的基本检索服务。基于网络的档案查询服务，可以使档案管理者和利用者在网上通过对档案目录的检索获取需要的档案目录信息,方便、便捷地利用档案实体信息或数字信息,从而有效地提高档案的利用效率。

3. 建立数字档案信息网络

在传统档案资源开发利用方法基础上,应用现代信息组织技术与网络技术,以资源开发和利用为目的,对数字档案资源进行重新组织,建立资源关联关系,形成基于网络的档案资源发布与共享系统。通过建立不同层级的数字档案信息网,实现数字档案的全面开发和利用。

4. 构建数字档案资源检索体系

建立完善的档案资源检索体系,最大限度地揭示档案信息。档案检索工具是记录、报道和查找馆藏档案的手段,是管理档案和提供利用必不可少的工具。它是充分揭示馆藏内容,迅速、准确地提供档案和检索档案的主要途径。档案管理部门在数字档案成果基础上,通过开发科学、实用、多角度、多功能的档案检索工具和系统,有效缩短档案检索时间,提高档案检索的查全率、查准率,提高档案开发利用的效率,拓宽和挖掘档案编研的广度与深度。

5. 建立数字档案资源知识库

在传统档案资源开发利用方法基础上,以资源利用为目的,运用多种信息组织技术和数字人文技术对数字档案资源以新的方式进行组织、开发和展示,形成各种专题数字档案资源知识库。

6. 开发数字档案产品和数字档案服务

结合现有的档案编研、档案展览、档案专题片、档案文化产品等档案资源开发方法,根据特定的需要,利用数字档案资源,充分挖掘档案资源的文化内涵,开发多元化的档案产品和服务。

第三节　信息组织技术

信息组织,即信息序化或信息整序,也就是利用一定的科学规则和方法,通过对信息外在特征和内容特征的表征与序化,实现无序信息流向有序信息流的转换,从而保证用户对信息的有效获取和利用,以及信息的有效流通和组合。

信息组织是信息管理的重要环节,是信息开发、利用、传播的前提条件。信息组织就是要鉴别、评价、筛选、揭示、整序、分析、提炼、浓缩、研究信息,使信息从无序到有序、从混乱到条理,是重新定位信息、创造新信息系统、赋予信息新价值的过程,必须消除噪声、排除信息干扰,达到去伪存真、净化信息环境和集合信息、加速信息交流的目的。因此,信息组织对信息的序化和整理可以在一定程度上解决信息普泛性与信息效用个体性、信息利用规律性的矛盾,从而发挥甄别信息、精化信息、重组信息的作用。

现代信息组织需要强有力的技术手段,尤其是高新技术的支撑,计算机技术和网络技术成为信息组织技术的重要基础。随着互联网技术的迅速发展和广泛应用，信息组织的对象、形式和成果呈现新的特点，形成了新的信息组织技术方法体系。当前，信息组织技术正在发生革命性的变化，尤其是信息搜索、数据描述、数据挖掘、数据仓储、知识发现、机器翻译、信息推拉、虚拟现实、人工智能等技术的发展，不仅极大地提高了工作效率，而且极大地提高了工作质量；不仅符合信息管理发展的大趋势，而且能更好地满足用户多样化的信息需求。

面对档案事业发展的新环境，包括技术环境、需求环境、资源环境，一方面，要根据新环境提出新课题，寻求新技术解决新问题和以前无法解决的问题；另一方面，要对原有技术进行挖潜更新，使成熟技术在新环境下获得新的发展。

从信息构架到信息界面，从信息描述到信息揭示，从信息分析到信息展示，信息组织的发展对新技术的依赖性越来越强，元数据技术、语义 WEB 技术和语义网格技术在信息组织中的应用更加广泛和深入。信息组织技术呈现智能化、集成化、知识化的发展趋势，正引导着包括档案资源管理在内的信息资源管理服务向新的更高的水平发展。

一、主题图技术

主题图（topic map）作为“信息空间中的 GPS”，是一种用于描述信息资源的知识结构的元数据格式，可以定位某一知识概念所在的资源位置，也可以表示知识概念间的相互联系。主题图技术直接用于信息导航系统的知识化浏览，建立资源集合的主题索引或交叉参照，链接复杂主题范围的分布式资源来建立虚拟知识体系，通过主题概念与资源的不同链接在同一资源体系上建立面向不同主题体系或不同用户的资源界面。利用主题图进行信息组织的基本思路就是利用领域本体知识实现无序异构资源的有效组织，明确体现信息资源的语义结构，建立领域知识的可视化的有序结构，通过建立领域知识概念结构实现信息导航和信息组织。

二、社会性标签技术

WEB2.0 带来了以用户为基础的社会化软件风潮。社会性标签（social tag）是一种准确、灵活、开放、自由的信息组织方式，又被称为软分类、合作标签、社会标引等，是一种将特定的术语、名称等（即标签）与在线“社会”环境中的数字资源相关联的方法。社会性标签在 WEB2.0 技术群和信息组织技术群中占有重要地位。WEB2.0 是对传统信息组织方式的一次重大革新，旨在提高网站信息的组织、发布的交互性和用户参与性。社会性标签根据用户添加标签的频度、标签的使用频度，以及标签与内容的相关程度来对标签及内容信息进行自动组织。目前，对社会性标签的研究不断推进，标签的应用原理、标签的呈现界面、标签的组织对象（网页资源、视频资源、音频资源等）、标签的应用效率（标引方式、检索结果处理、相关度排序、搜索引擎和语义处理）等方面的研究进展明显。社会性标签技术广泛地应用于 WEB 开发应用，尤其是学科导航和网络导航中，极大地促进了专门知识领域和学科领域的信息导航系统与信息服务系统建设。

三、信息可视化技术

严格地讲，信息可视化技术不是信息组织技术。但是，信息可视化技术将信息组织成果在特定的信息空间加以有效的展示，与信息组织技术结合尤其紧密，可以看成信息组织的扩展性技术。

信息可视化（information visualization）是利用计算机支撑的、交互的、对抽象数据的可视表示来增强人们对抽象信息的认知。信息可视化是将信息转换成二维或三维图形、图像、动画形式的技术方法和有效工具。用户通过这些可视形式进行观察、交互。信息可视化技术作为解释大量数据最有效的手段而率先被科学与工程计算领域采用，继而发展为当前热门的研究领域并广泛应用于各个领域。它涉及计算机图形学、图像处理、计算机视觉、计算机辅助设计等多个领域，成为研究数据表示、数据处理、决策分析等一系列问题的综合技术。

第二章　传统文件档案及其数字化管理

第一节　文书档案及其数字化管理

随着社会经济的不断发展，计算机网络技术有了质的飞跃和提升，随之而来的文书档案管理也广泛应用了数字化管理模式。由于资金投入、网络安全、从业人员职业素养等原因，文书档案的数字化管理也存在着诸多问题，本节主要探讨新时代下文书档案的数字化管理策略。

一、文书档案数字化管理的优势

新形势下，文书档案应用数字化管理后，可建立起远程传递和共享模式，快速、精确地将档案信息归类整理，并依据具体使用范围在一定的范畴内全面搜索数字化管理系统，采用智能检索的模式实现筛查信息的高效性和准确性，同时最大化地使文书档案信息的利用率得以提升。在信息化技术的作用下，数字化管理不仅可以增强使用者对信息的筛选度和准确度，还可以最大限度地保护文书档案信息的原貌，以起到降低信息流失度及损坏度的作用。

二、文书档案数字化管理的重要意义

（一）实现信息交流和共享

在现今的行政管理模式中，通过对文书档案进行扫描、入库等数字化存储，大大提高了文书档案的通用性、安全性和可视性，使用者可在任何时间、任何地点通过智能化检索，快速地查找到所需数据，不但节省了大量的人力、物力资源，还有效地促进了各个部门之间的信息传递和交流。由于档案的具体信息来源于组织内的各个部门，而文书档案最重要的操作价值在于它的应用，因此在保证信息系统安全的前提下，此举既保证

了获取信息的及时性，又强化了科学式的管理模式，实现了各个部门之间档案信息方便、快捷地共享和交流，促进了系统内各项工作的顺利开展。

（二）增强档案信息的安全性

现如今，各企事业机构的文书档案管理尚处于电子档案与纸质档案共存、互为补充的阶段。纸质档案有厚厚的时代感，而电子档案则有时代的潮流感。在一定程度上，由于纸质档案需要进行人工保管和保存，档案载体单一，在整理、借阅、复制等过程中很容易造成损毁，如果档案库房“八防”（防火、防盗、防高温、防光、防潮湿、防虫、防霉、防尘）不到位，容易产生霉变、受潮或毁坏。在此方面，电子档案就有着独特的优势，档案的利用通过电脑、光盘、U 盘和图像记录等方式就能完成，无须翻阅纸质档案，因此电子档案的损坏程度较于纸质档案少，而纸质档案的改动辨识度相较于电子档案高，此举提高了档案信息的安全性，并最大限度地减少了资源消耗。

三、文书档案的数字化管理现状及问题

（一）文书档案的整理和保存问题

传统式的管理不论是在手段或是流程上都存在不足，而且会占用大量的人力和物力资源，不仅会增大管理消耗的成本，而且会影响档案信息的筛选和整理，在空间和成本上都有很大的漏洞。长期以来形成的不重视档案管理的传统观念，导致企事业单位对档案管理方面的投入普遍不足，很多单位甚至没有独立的档案室。很多档案库房阴暗潮湿，不能按规定做到“八防”，未能配备灭火器、空调、除湿机、温湿度测试仪等设备，计算机、扫描仪、光盘刻录机等基本工具缺失，档案装具不符合国家标准，档案管理存在简单粗暴、不规范的现象。

（二）电子文档信息的安全性

文书档案的数字化管理仍然存在着一定风险性，一旦发生技术上的问题，就会导致信息混乱或流失，而且容易造成不可弥补的损失。电子档案相较于纸质档案，其中的信息内容更容易被篡改，并且经过细微改动后不会影响档案的整体布局，因而很难从中看出破绽。但细小的改动仍然会破坏档案信息，降低其真实性，因而电子档案的保密性和安全性是非常值得重视和急需解决的问题。此外，由于电子档案不存在特殊的笔迹和纸质的影响，容易更改，因而存在较大的改动性，且不具有辨识度；未能严格按照数字化管理和保密的流程行事，会导致档案信息出现泄露的情况，进而威胁档案信息的安全性。

（三）文书档案管理人员的职业素养

现代化文书档案管理对从业人员的职业技能和素养提出了更高的要求，专职档案员应全面掌握档案信息修正等相关技术。但是由于大部分机构缺乏专业的档案管理人员，很多单位都是兼职档案员从事档案工作，因而造成了高素质、高技术的管理人员和复合型人才短缺。长期以来，在主客观因素的影响下，档案管理人员“重保管，轻服务”的现象较重，被动的工作方式也影响了文书档案的日常利用。加之文书档案的数字化管理对档案管理人员的计算机水平要求较高，但现阶段档案从业者数字化管理的整体水平偏低，数字化管理理念缺乏的现状也对文书档案的数字化管理提出了挑战。

（四）信息化平台建设滞后

文书档案的数字化管理需要建立在完善的信息化平台建设基础上，各企事业单位必须有足够的重视及资金投入才能实现。但在现实情况中，管理部门对该项工作导致无法实现应有资金的投入，相应的扫描设备、软硬件设备无法配套，人员培训稍有欠缺，就会造成信息化平台建设被搁浅。在这种情况下，信息化平台建设无法到位，将导致文书档案的数字化管理沦为一纸空谈。

四、新形势下文书档案数字化管理的改进策略

（一）领导重视，统一规划

文书档案的所在部门负责人和分管领导应对档案数字化管理的必要性和重要性有高度认可，充分提高对此项工作的重视和关注，并制定相应的工作规划。这需要档案管理人员充分学习档案法及相关规定，并对现代化文书档案管理的发展现状及存在的问题学透、吃透，以便于向分管领导做出充分的解释说明。在确定文书档案的管理模式后，核算应用数字化管理所涉及的人力、物力和财力，以便于统筹管理过程中的财务预算，更快、更准确地通过招投标购买计算机、扫描仪、软硬件等实用性强且利于数字化管理的工具。

（二）完善标准，优化管理

新形势下，文书档案数字化实行优化式的管理策略，通过数字化技术的配合，多角度整理、优化思路，尽可能多地创建并整合管理机制，并增加筛选和阶段性封存机制，为更多的信息储备提供充足的空间。文书档案的优化策略需要长期的规划和设计，并非一朝一夕就可完成，每个单位从事的行业领域各不相同，应从不同的信息管理策略中不断优化而制定出可操作性强且极具标准性的管理规划，并充分借鉴学习兄弟单位在该

领域好的经验和做法，提前规避其他单位在数字化管理过程中出现的问题和瑕疵，以确保各项工作有序推进。

（三）增加投入，完善设备

新形势下文书档案的数字化管理需要各单位增加资金投入。首先，应设立专门的档案室，并保证功能合理，流程便捷。档案用房应保证“三分开”，即档案业务工作室、档案库房和阅档室分开。档案室的布置、防护设施应符合相关规定，并应定时检查更新。有条件的单位应配专业密集架，密集架的设置应符合相关的承重要求，并应保证档案室预留足够的面积。应健全档案库房制度，包括库房日常安全管理及保密规定等内容。其次，档案库房中应安装空调、除湿机、加湿器等设备或专门的温湿度自主控制系统，并应定期检修。应配备档案专用计算机、扫描仪、光盘刻录系统、专业软件系统和存储设备，以及打印机、复印机、照相机、防磁柜和消毒柜等设备。

（四）网络加持，构建平台

数字化管理必须有网络技术的加持才能全面改善略带“原始”的管理模式。在新的形势下，文书档案应用数字化管理后，不仅需要依托网络技术，还需要各管理部门的相互配合、互通有无，以保证信息的实时性传递和交流，这样可以使系统内各部门在不断加强信息速递和交流的同时，能有效缩短信息量筛查的时间。以此为契机，制定整个管理部门的信息速递机制，并完善文书档案管理平台的搭建，这些都是实现数字化管理远程交流和传递的有效方式。

（五）人才培养，提高素质

文书档案管理人员的专业水平和能力是数字化管理实现信息传递无障碍交接的必要前提。档案管理人员应借助于提高专业能力的培训模式，全面提高从业人员的专业素养和综合素质，最大限度地提高档案管理人员的专业能力和水平。一是选拔档案管理人员时应严格把关，不仅要考查档案从业资格，也要对档案管理人员的计算机网络知识提出更高的要求。二是在提升档案管理专业素养的同时，还要加强计算机知识的学习和培训，提升档案管理人员的计算机操作水平，组建一支既懂计算机知识又精通档案管理的高素质档案管理人员队伍。

第二节　高校学籍档案及其数字化管理

高校学籍档案管理工作作为高校档案管理工作的重中之重，它不仅可以提供准确完整的学生学籍信息，也可以了解学生的入学情况、在校情况以及毕业情况。在当前的高校档案管理中，管理人员要能够认清数字化的发展趋势，将档案管理的数字化技术应用到日常的工作中，不断改善传统的管理模式，发挥学籍档案的更大价值。

一、高校学生学籍档案数字化管理的价值

在数字化管理模式下，高校学生学籍档案管理将更加符合现代化的学籍管理要求。由于在进行数字化的高校学生学籍档案管埋时，管理人员会深入研究和设计校园学籍管理系统，从而能够在了解高校管理实际需求的基础上，使得设计出的系统具备更加完善与可行性高的流程模块，因而系统也就能够具备更高的运行速率；在数字化技术支持下构建起的校园学籍管理系统能够将学籍管理的工作流程全面展示出来，并提高学籍管理的自动化程度。而在对先进的系统模块进行利用的基础上，能够满足各种模块的科学设计，包括学生信息模块、学生公共管理模块、系统管理模块和学生成绩模块等。在这种数字化程度较高的管理系统中，管理人员能够更加便捷地进行各项操作，包括录入、修改、查询、添加和删除等。通过对数字化学籍档案管理系统的应用，可以对传统的学籍管理模式进行改进，降低其出现问题的概率，同时可以实现对学生学籍档案信息的跟踪管理，能够实现更高程度的信息共享与更深入的信息交流和利用，减轻管理人员的工作负担，并为实际的学生学籍档案管理工作提供强大的支持。

二、高校学生学籍方案数字化管理模式的多维度构建

（一）内部环境——从完善制度、提升人员素质出发奠定数字化管理根基

对高校学生学籍档案进行管理时，管理人员需要重视对管理的内部环境的完善。内部环境具体指管理制度、管理内容及人员素质水平等。基于这些要素，在进行管理时，应首先对管理制度进行完善，要在具备现代化管理理念的基础上，在日常的管理工作中将数字化管理技术与管理活动充分结合，基于这一目的，在制定管理制度时，应从管理的实际需求出发，对管理信息化系统的应用以及细节调整等提供制度向导。在进行具体管理时，管理人员要关注对学籍概念和学籍内容的调整，以提供更加科学的基础管理概念；要对诸如是否将高考检录表录入、是否将毕业离校信息录入、是否将生源的变化信息录入等进行调整。此外，在对管理制度进行完善时，还要明确管理职责，明确不同专业和不同类型学生的学籍管理归属，避免出现交叉管理现象。其次，要针对管理人员的素质提升采取相应的措施。学校要有针对性地开展管理人员的培训活动，包括计算机技术培训、档案管理技能培训等，要使管理人员具备较高的创新意识，使其能够具备更高的工作活力与创新能力。

(二)信息收集——采用多种技术手段实现学籍信息的高效对接

在对学生学籍进行管理时,管理人员需要重视对学籍信息的收集,而在信息化背景下,在收集学籍信息时,可以采取多种更加高效的路径。当前大部分高校都已经建立起了自动化程度更高的办公系统,这对于实现对学籍信息的收集与整理而言较为有利。在对高校学生的学籍信息进行搜集和整理时,应对以下两种先进的信息采集和处理方法进行应用。

1. 扫描图片存储法

在收集好档案之后,对档案信息进行整理,将纸质档案信息转化为电子档案。此时,工作人员就要使用图片扫描法,在进行扫描时,要选择符合要求的扫描方式,并对相关的参数进行设置与进一步调整。在设置参数时,应关注的是图像的成像情况,要保证能够获得更加真实和全面的图像,并尽量使其与档案原件相一致。当前各高校基本都安装了专业的档案管理系统,且在设置存放窗时,都会设置三种形式,即全文、图片和视频。当收集来的档案文件为电子文件时,可以直接将其粘贴至相应的窗口;而在上传其他文件时,则要根据文件的不同特征采用相应的路径将其上传至信息化平台,并建立完善的子目录。在扫描纸质档案时,要将其扫描成分辨率较高的图片,并对图片进行简单的修饰,提高图片的清晰度和整洁度。在选用扫描仪时,工作人员要根据实际需要选择相应的扫描设备,确保成像质量过关。当前较为常用的扫描设备包括中晶科 Microtek 扫描仪、虹光 AV830C Plus 扫描仪和爱普生 DS-60000 扫描仪等。不同的扫描仪适用的扫描场合不同,能够满足不同的档案信息收集和处理要求。

2. 数码相机拍摄法

对档案进行管理,要求档案内容的真实和完整。在数码相机拍摄法支持下,能够将档案信息更加直接地反映出来。学生在校期间会形成相应的学籍档案,学生在校的个人信息和学习成果都会展示在学籍档案信息中。但是在对档案进行收集时,部分人员缺乏相应的归档意识,因而在进行填写时,可能就会出现用圆珠笔填写、随意填写等问题。而在学生学籍档案中,可能会粘贴有学生照片,而通过扫描则无法还原照片效果,因而此时,就需要使用到数码相机拍摄技术。该技术操作较为简单,且拍摄速度快,适用性较强。且数码相机的内存较大,能够存储较多的照片,因而可以在收集档案信息资源时发挥出强大的效用。在数码相机拍摄法支持下,可以节约档案存储空间,且能够提升档案信息的上传速度。但是在使用数码相机拍摄法时,档案管理人员需要关注的是相机照片的传输需要与电脑相连接,因而具有一定的操作局限性。在进行拍摄时,也要关注拍摄技巧,追求对原件的 1:1 还原。

(三)管理系统——充分利用信息网络开展学籍档案管理

对高校学生学籍档案进行数字化管理,关键在于能够积极地搭建学籍档案管理的数字化系统,以此提高学籍档案管理的数字化程度。在构建数字化管理系统时,管理人员要具备先进的管理理念,要将创建以毕业生个人为单元的虚拟档案袋为基础,通过计算机技术对学籍档案的信息资源进行高效整合。

高校学生在校期间会形成相应的学籍变动和奖惩记录等情况,学籍档案就是对上述情况的完整和真实的记录。学籍档案管理人员要在日常的管理工作中,关注学生在学籍方面出现的变动情况,对学生出现的休学、复学等学籍变动情况进行记录,及时更新学籍档案信息,为后续的查找和打印提供支持。在对学生的毕业信息进行整理时,要对学生进行毕业和学位审核,而信息管理系统则能够结合档案信息进行高效审核。在学生毕业之后,要按“届”对学生学籍档案进行整理,档案管理人员则应要求辅导员等掌握学生个人信息的人员或机构上交学生录取名册、学籍卡、成绩单和异动申请表等纸质档案。档案管理人员要对以上纸质档案进行电子信息录入,当作可以被永久保存的档案资料。在对学生进行学籍档案管理时,还要关注对其成绩档案的管理。档案管理人员要联合学校相关机构收集学生的成绩信息,并对其进行录入,形成学生成绩信息库。对学生成绩的信息化管理可以为辅导员对学生成绩的管理行为提供便利,能够在评优等活动中提供参考。信息化管理系统是一种智能化程度较高的管理系统,因而在对成绩进行录入与审核时,系统都会对每一步的操作进行记录,若出现后期的成绩报送问题,检索人员就可以针对问题进行快速的原因查找与分析,并对问题进行解决。在学生毕业之后,学生的学籍档案也是可以永久保存的,已经毕业的校友若有相关需要时,也可以回学校打印自己的学籍档案信息。作为学籍档案的管理人员,则要关注对学籍档案周期性报表的报送,要在系统中统计并导出各类数据,并找出可以快捷保存数据的方法。

(四)软件兼容——提升数字化技术在档案管理工作中的应用匹配度

计算机技术经过长年的发展已经相当成熟,且形成了较多适应性强的软件系统。在高校的学籍档案管理活动中,对计算机软件的应用频率较高。学生在校期间,会产生大量的档案资料,通过对计算机系统软件的应用可以将学生信息更加高效地录入。但是在实际的档案录入和管理过程中,会出现档案系统与常规办公软件不兼容的现象,此时就需要对软件系统进行兼容设置与管理。档案部门的管理人员应关注软件系统的兼容性问题,要基于提高档案存入档案系统有效性的角度,构建更加畅通的档案资料的数字化传输渠道。对当前的档案管理系统进行分析可知,其存在的主要问题在于缺乏较好的兼容性及扩展能力,因而会影响档案信息的处理效率。在了解全球高校学籍档案管理现状的基础上,管理人员可以了解一种更加先进的学籍档案管理模式,即构建相对独立的学籍档案数字化管理系统,并且要重视对档案数据的有效管理。在我国大部分高校中,也已经开始应用电子学籍档案,但是在管理过程中却常出现数据录入错误、学籍档案资料更新迟缓、电子档案改动较为随意等现象,因而会出现档案信息泄露的问题。高校在进行档案管理时,由于缺乏统一的档案软件格式,各个高校就需要采用校内网站链接的方式解决这一问题,由此才能保证资源的共享性。从软件开发阶段来看,学籍档案信息管理系统的开发人员,应重视软件的兼容性,可以对现有的管理软件进行升级维护,并对相应的功能进行优化改进,提高系统运行质量与效率。档案管理部门在这一环节中,也要出台统一的规范,为高校内部上下级档案部门的系统对接提供支持,确保档案移交与存用工作顺利,使软件能够发挥出最大的效益。

(五)专项管理——建立学籍档案数据库

在数字化理念下,对高校学生学籍档案进行管理时,管理人员要认识到计算机这一设备的重要性,同时要借助大数据技术构建专项学籍数据库。在对学籍档案数据库进行构建时,应从以下四个方面进行。

1. 要关注学籍档案的数字化加工

该模块的作用主要在于对纸质学籍档案进行数字化扫描,进而将其转化为数字化资源平台。该平台能够对学籍档案进行有效的收藏、保护与利用。

2. 要关注学籍档案的基本信息数据库模块

学生的基本信息涵盖的内容较多,档案信息录入人员需要将学生的姓名、学号、性别、出生年月、籍贯、院系、专业、身份证号、入学年月、毕业年月等信息进行收录。学生自注册入学时起,学籍档案管理人员就要开始对学生进行信息跟踪管理,对学生的信息进行导入,确保学生的各类信息准确和完整,在录入之后,还要对其进行审核。学生可以在网络平台中查看个人信息,因此可以对信息进行精准的校对,确保信息齐全、准确。基于此,可以生成学生的学号,并对新生建立学籍电子档案,建立学生的基本档案,并确保同时形成纸质档案和电子档案两种形式,为后续的学籍档案管理活动提供支持。

3. 建立学籍档案查询数据库模块

在构建该模块时,要对学生的学籍信息进行分项管理,要便于查询和使用档案,并且要确保提供的查询方式灵活,为有关部门和学生提供更加便利的材料使用途径。同时要了解不同层面的查询要求,提高查询界面的设计灵活度,当查询人员输入学生学号时,就可以直接浏览学生的全部档案,并且可以满足打印需求。

4. 针对学籍档案数据库的建立和维护工作而言,管理人员要重视档案数据的安全性

要针对档案信息的安全管理建立专项方案,构建更加完整的网络系统,要积极采用访问控制技术、数据加密技术等对档案数据进行安全管理。尤其要重视对访问控制技术的科学应用。学籍档案管理人员要能够针对档案信息的不同保密等级控制访问权限等级,当涉及数据修改环节时,必须严格控制权限,并且要求数据修改人员提高获准书面报告,由此才能保障学籍档案的数据安全。

信息技术时代的到来为高校学生的学籍档案管理工作提供了全新的思路,高校在

进行学生学籍档案管理时，应更加关注管理成效的提升，要认清当前高校学生学籍档案管理工作中存在的问题，基于高校学生学籍档案管理的数字化发展趋势，更新管理模式。在将数字化技术与学生学籍档案管理工作相结合时，管理人员需要积极应用，从构建完善的管理制度、采用多种技术进行数据信息收集、构建信息化管理系统、组成专业的学籍信息数据库等维度，帮助实现高校学生学籍档案的全面现代化。

第三节　科技档案及其数字化管理

当前正处于科技档案管理技术改革的关键时期，伴随着科技建设不断发展，以及数字化、信息化和数据库技术的成熟，有必要对传统的科技档案管理模式向数字化进行探讨，利用现代数字技术建立数字档案并进行科学化管理和深层次的开发。采用数字化与传统纸质档案并存管理相结合的手段，提高交通工程设计、施工、监理建设全过程和维护等方面的信息收集建档，提高档案管理效率和利用水平。

一、科技档案数字化管理的意义

（一）有利于促进档案管理工作良性循环

数字化管理是今后档案管理的必然趋势，在针对科技档案进行管理的过程中，利用数字技术和数据库可以促进档案管理工作良性循环。同时，在科技档案管理过程中采用科技手段建立数字档案，不仅可以为档案管理工作提供便利条件和提高档案管理质量，而且可以有效提升档案查询的快捷服务和增加档案查阅者的满意度。此外，科技档案数字化更有利于档案的永久保存，对档案管理工作良性循环也有显著的效果。

（二）有利于档案信息管理系统的开发和充分利用

科技档案数字化建设利用科技手段促进档案资料信息管理系统的开发和充分利用，同时提高档案管理水平，推动档案管理趋向市场化创造条件，可以把档案数据库保存到云端服务商，部分不涉密的档案可以向社会公众开放，这样科技档案不仅仅是项目工程的重要组成部分，同时也是社会信息的重要组成部分。科技档案数据化的发展可以在一定程度上促进数字技术的进步，相关的档案管理部门也可以借助科技档案数字化进行深度开发。但是值得注意的是，在对科技档案进行市场化推广的过程中，一定要注意知识产权保护，相关责任单位及部门要始终秉承和遵守我国的知识产权规定与重要机密资料保密规定，严禁将属于机密范畴的档案资料纳入市场推广范畴。

二、科技档案数字化管理措施

（一）解放思想、转变观念、勇于创新、把握机遇

科技档案属于建筑行业中的重要信息数据源，对促进我国建筑行业的发展有着非常突出的作用，相关单位已经采取必要手段做好其开发和利用工作。长期以来，科技档案管理工作都属于我国行政事业范畴，依靠国家的统一财政拨款进行，其主要工作是围绕工程技术档案资料的查询和借阅展开。但是随着事业单位改革步伐的加快，科技档案管理也逐步趋于市场化发展。鉴于此，要想促进科技档案管理工作改革，一定要解放思想，转变落后的管理观念，利用数字化、信息化和数据库提供高效优质服务。

（二）对科技档案数字化管理进行开发

为进一步提高档案管理工作的质量、效率和服务，有必要充分利用现有科技成果，将原有的档案管理模式及管理结构转到数字化和数据库方向，尽管还存在投入需增加、数据化方向意见分歧和法律的滞后等问题，但先进的技术就是生产力，是历史发展的趋势，值得探索和讨论研究。例如，档案管理部门在传统的科技资料档案管理过程中，主要工作多集中在工程技术档案资料管理结构技术上，档案数字化建立后，借助云服务提供商（如阿里巴巴云服务，安全等级高，访问不堵）或托管服务器建立科技档案数字化数据库，为档案内容进行备份，解决档案查询、借用、出入库等繁杂工作，降低工作强度，提高工作效率和服务水平。通过这样的管理模式，使科技档案数字化管理工作更趋于多元化发展。

（三）对科技档案市场管理进行开发

科技档案信息的市场化发展是必然趋势。在市场化推动下，不仅可以带动数字化档案服务企业的发展，同时也可以进一步提高科技资料档案的管理服务水平。例如，在对工程技术资料档案进行信息化开发的过程中，首先可以按照档案的内容和类别将其组成不同组别的信息体系，然后再根据市场需求和服务对象的实际需求为其提供对口与专业的科技资料服务内容。一般情况下，科技资料的服务对象多为工程科技单位、设计企业、高校和科学研究等单位。同时，档案管理单位还应该针对服务对象的类别建立多层次的信息服务平台，进而更好地为市场需求服务。但是需要注意的是，由于科技技术资料档案的信息化开发是一个非常庞大的工程，在开发的过程中需要兼顾各个方面。鉴于此，在实际的信息化开发过程中，相关的管理部门必须要制定符合国家法律法规要求的信息数据交换规则和标准，并按照统一的数据标准对各类信息进行处理，将不符合标准的数据信息，特别是需保密的信息剔除在外。

（四）科技档案数字化管理内容建设

1. 科技资料数字化标准建设

有效提高科技档案数字化的关键在于标准建设。标准建立后，数字档案根据标准整理、采集来建立数字化档案，在数字档案的基础上进一步建立数据库。建立科学的数据库后，提供高质量、高水平的服务。因此，科技档案数据标准化建设是重中之重。在开展标准化建设过程中，必须有档案行政管理部门参与，建立具有行业领先和权威的标准。

2. 科技档案数字化管理制度建设

开展数字化档案建设，严格的管理制度必须同步建立，其内容有档案的收集、分类、编制建档工作；出库入库管理；查询借阅归还管理；档案信息安全管理；保密信息分级管理；档案信息系统使用管理；档案工作人员职业培训等。通过制度管事、管人，落实数字档案的安全管理和服务工作。

3. 引入先进的数字化管理体系

在科技档案数字化管理中，开发建设是一个非常复杂的工程。在实际的档案管理工作中，不仅要采用数字化科技手段，还要引入先进的数字化管理硬件和软件来建立数字化档案体系，结合实际的工程科技档案情况开发相应的数字化管理平台。数字化管理平台建立后，不仅可以实现科技资料的便捷查询，同时可以利用互联网技术向社会提供服务。

（五）科技档案数字化管理要有高素质的人才

做好科技档案数字化管理工作需要人才。随着科技档案数字化管理的推进，特别是在数字化信息时代，数字化知识不断更新、计算机网络和信息化不断应用，档案管理数字化也在不断提高。这不仅要求工作人员政治素质高，并具有工作细心、耐心、无私奉献的职业品德，更需要其有专业管理的技能。在实践工作中，要重视档案管理专业人员的待遇，解决他们的合理诉求，吸引有能力、有专长的人才加入。同时做好相关知识和技能培训，并对员工进行定期考核，提高档案专业人员的综合素质。加大硬件设备和档案管理软件研发的投入，提高档案专业管理人员的成就感。通过这样的方式，最大限度地为科技档案数字化的持续推进和提升做出贡献。

综上所述，实现科技档案数字化管理已经成为必然趋势。为了进一步提升我国科技档案数字化管理质量和水平，首先需要对科技档案数字化管理中存在的各类问题进行逐步解决，然后结合实际工作采取相应的管理措施，创新管理理念档案数字化，利用现代科技，建立档案数字化技术管理体系，强化科技档案数字化管理信息安全工作，逐步提高我国科技档案数字化管理能力，提升服务质量。

第四节　人事档案及其数字化管理

在信息数字化时代，企事业人事档案记录着员工在职时工作、学习及生活的整个过程，其与企事业职工的个人经历、综合素质、绩效考核及人事任免等多项工作有着密切联系。因此，基于大数据的人事档案数字化管理系统能够有效革新传统人事档案的管理模式，实现人事档案管理的标准化及服务便利化，极大地提高人事档案管理的水平。

基于大数据的数字化管理系统主要是通过采集所需数据，并对其进行清洗、过滤、归并后放入数据库，方便未来工作时的信息数据提取及深度分析，实现数据价值效应化。因此，在大数据环境下，对企事业人事档案进行数字化管理不仅能够促使人事档案管理工作规范化、整体化，还能够共享人事档案信息数据，充分提高利用率。

在传统的人事档案管理模式下，查询人事档案需要企事业单位各级职能部门相互协调，在增加人力成本和时间成本的同时，影响了后续工作的时效性。基于大数据的人事档案管理，主要是将企事业员工的各类信息进行技术处理，实现人事档案相关信息的数字化。与此同时，在大数据环境下，人事档案会存入特定的数据库，尽可能保证人事档案管理的安全性、可靠性。

基于大数据的人事档案数字化管理模式，通过对人事档案数据信息进行筛选、挖掘和预配置来简化工作流程。一定程度上，该模式既避免了人力资源的闲置与浪费，又能够通过利用数字化技术手段，提升人事档案存储安全等级。此外，为了保障基于大数据的人事档案数字化管理的质量，需要配备适宜的软硬件设施。

随着大数据技术的快速发展，企事业单位的人事档案数字化管理不仅包括数字、符号等结构式人事档案数据，还包括人事档案的半结构式数据。创建基于大数据技术的人事档案数字化管理系统，不仅能够弥补人为管理人事档案的不足，还能够为人事档案数字化管理提供分析及评估。

一、系统硬件设计

档案数字化管理系统选用 MYSQL 数据库，具有较高的便捷性，并运用 Linux 操作系统环境器，可兼容 Firefox 浏览器和 Windows 10 浏览器，CPU 应在 I5 以上，硬盘 500 G，内存 8 G，可实现 5 台 PC 服务器同时运作，每台服务器包含两个 CPU，虚拟服务器 4 核。

二、系统软件设计

（一）管理权限模块

在基于大数据的人事档案数字化管理过程中，为了规范人事档案数据共享的权利及义务，需要明确数字化人事档案的共享权限及范围，进而确定数字化人事档案相关数据的共享层级。通过分析企事业内部不同的数字化人事档案涉密级别，以及不同的人事档案操作权限，从而确定档案可查阅等级。

通常情况下，在不可越级查阅数字化人事档案的前提下，只有经过相关管理部门的审批，才能够提供人事档案的查阅服务。这不仅能够有效防止企事业单位内部人事档案的信息泄露，还能从源头禁止访问者拷贝人事档案的相关信息。

此外，企事业单位内部的人事档案具有保密性，不能将企事业单位的内部信息直接放在公共网络上。因此，在数字化管理人事档案过程中，可以建立私有云计算模式，进而保证该管理模式的私密性及可控性。

（二）档案分类模块

在基于大数据的人事档案数字化管理过程中，通过大数据的先进手段，完善人事档案的查阅方式，对档案进行精准分类。大数据技术的引入，需要配备专职人事档案管理人员。在创新后的管理模式中，人事档案管理人员的工作职责具体包括定期更新管理平台相关软件、协助数字化查阅保密协议的签订、保证人事档案数字化存储的安全性。

基于大数据的人事档案数字化管理系统改变了原有的管理模式，利用大数据、信息互联网和云计算等相关技术，实现人事档案管理框架化、数字化，缩短人事档案查阅时间，提高后续相关工作效率，是人事档案数字化管理的关键。此外，由于企事业人事档案自身存在特殊性，为尽可能地避免泄密情况的频繁发生，需要在人事档案相关电子文件传阅过程中，建立信息专用传输通道，确保操作者的严谨性、保密性。

第五节　会计档案及其数字化管理

一、会计档案数字化管理的优势

（一）有利于提高会计档案数据信息资源的多样性、安全性和持久性

数字化会计档案所具有的诸多特点和便利性，使得会计档案的数字化管理较之此

前的传统管理具有很多无可比拟的优势。例如,由于会计档案的数字化存储介质均为磁性介质,因此,它可以很方便地被存储于各类网络硬盘、U 盘、光盘等虚拟空间,当然也可以直接输出打印成为人们仍然习惯使用的纸质会计存档。数字化的会计档案可以在短时间内被无限制地复制多份,可以分别存储于不同的物理空间或虚拟空间,这样一来,会计档案资源的安全持久性就可以从技术层面得到极大的增强。

(二)有利于提高会计档案的管理和使用效率

会计档案数字化管理在实际使用中最为明显的优势,就是可以提高其管理效率和使用效率。由于它是利用计算机设备和各种网络技术进行数据录入、传送和存储的,所以,数据信息的更改、修正、复制和重置等操作变得十分快捷与方便。同时,会计档案数字化存储磁介质自身的特点使得会计数字化档案的体积尽管很小,但其数据容量和存储空间却很大,可以存储非常多的会计档案数据信息。会计数字化档案的这些突出特点使其在实际工作中的管理效率和使用效率大为提高,从而可以极大地节省管理和处理时间,提高管理和使用效率。

(三)有利于实现会计档案信息资源的共享

会计档案数字化管理是建立在会计档案的数字化建设、网络化建设基础之上的,强大的网络体系使其很方便地就可以实现会计档案信息资源的共享共用。会计档案的各类、各级需求用户只需要根据系统所提供的用户权限,就可以通过网络顺利地直接访问会计档案数字化管理资源库。用户可以根据自己的需要进行会计档案信息资源的各种查询、调档、下载、获取、传送、存储和相关利用,从而实现会计档案信息资源的共享共用。

二、会计档案数字化管理的措施

(一)实现内部、外部、物流和资金流会计档案的数字化采集与处理

对于单位内部会计档案的数字化采集和处理,由于仅限于单位内部数据的流通,因此数字化管理相对比较简单,工作流程也一目了然,一般是通过相应的会计数字化管理软件进行原始单据和凭证的数字化收集与处理。对于单位外部会计档案的数字化采集和处理,由于涉及单位与单位之间,以及单位与相关上级管理部门之间的会计数据信息交换和传送,因此,需要进行严格的会计档案数据信息数字化采集与处理,目的是实现会计档案数字化数据的顺利传送与交换。对于物流环节的会计档案数据,在数字化采集与处理过程中,可以充分利用先进的数字化识别技术,如 OCR 图像识别技术、RFID 无线射频识别技术及物联网技术等现代化的技术方法,将其存入会计档案数据库中。

(二)建立会计档案数字化管理系统的标准和原则

通过会计档案数字化管理信息系统对内部、外部、物流和资金流会计档案进行数字化采集与处理后,为保证会计档案数据信息统一规范,便于数字化管理,还需要制定统一的会计档案数字化数据标准,便于数字化会计档案数据信息的自由统一交换和传递。会计档案数字化数据标准的基础是确保会计档案数据信息的真实性、原始性。真实性是要确保会计档案数据与内容的真实可靠,因为数字化档案仅是在档案处理方法和手段上进行了改变,它所反映的档案内容是不应有任何变化的。原始性是指有时用户需要具有原始性特征的会计档案,需要通过数字化手段保留会计档案的原貌状况,确保会计档案数字化数据和信息经得起真伪辨识,以及对数据和文字信息的校勘,最终确保处理、存储的会计档案数字化数据信息内容与原件吻合,防止出现数据信息和文件不一致或损毁的情况。

(三)建立会计档案数字化管理系统

会计档案数字化管理系统是由若干子系统组成的,包括会计档案管理子系统、智能核算信息转换子系统、数据光盘生成子系统和档案数据独立查询子系统。它们分别具有档案案卷管理、财务文档管理、财务数据转换、报表数据转换、固定资产数据转换、生成数据光盘、生成存储数据和档案查询等主要功能。通过核算数据转换和档案管理功能,可以有效地解决在不同的历史时期,以及采用不同的会计档案管理方式所带来的历史数据整合,从而保障各种会计档案数字化信息资源在系统中得以体现和反映。会计档案数字化信息数据库可以将纸质的会计档案数据信息转化为会计档案数字化管理信息系统中的数据信息,并通过权限设置、密码保护和身份验证等保密措施加以利用。

(四)建立会计档案网络报销系统

网上报销系统是基于互联网或各类单位内部网络的实时在线报销系统。这种系统的优势是将纸质的签字和审批形式转换为网络化的审核形式,它的最大优势如下。

(1)可以实现现代化管理。会计原始单据报销实现网络化管理,便于利用计算机和网络进行数字化数据采集与处理,便于进行数据统计与计算。

(2)可以提高工作效率。它可以简化会计报销流程,极大地节省报销人和各级相关审核领导用于报销流程的时间和精力,从而大大提高工作效率。

(3)快速查询。它不仅便于用户对于自己报销历史记录、借还款记录和工资信息等内容的快速查询,也便于相关管理人员对于会计报销流程、各单位资金使用情况,以及各类资金使用情况的快速查询。

(4)确保了会计档案数据的准确性。这是由于网上报销系统将所有已经通过审批的会计报销数据信息导入财务处理模块,实现了与主流财务系统的无缝对接,因此,可以确保会计报销数据的准确性。

（五）实现会计档案数字化信息资源的区别共享

会计档案的存在价值更多地体现在利用上，这种利用不仅包括本单位用户的利用，还应该包括相关单位用户，甚至更大范围内的共享利用，这就需要实现会计档案数字化信息的资源共享。在互联网时代，无法实现资源共享的会计档案的存在和利用价值将会大打折扣。当然，资源共享并非意味着可以任意地、无限制地滥用，而是在遵循相应的会计档案资源利用规定的前提下，合法、合理、有效地加以利用。如可以根据各单位的不同情况，对会计档案数字化资源实行分级、分网、分权限地共享利用；可以将可资源共享的用户划分为会计人员、会计档案管理人员、上级管理人员、财务部门主管、其他个人用户，他们根据自己所拥有的相应权限，可以利用相应的会计档案数字化信息资源。

三、会计档案数字化管理的安全保障

（一）重视会计档案数字化系统的安全管理

在实现会计档案数字化管理的工作过程和服务过程中，要将安全管理放在重要位置，强化安全意识，采取安全措施，进行安全风险评估，建立一整套安全标准体系。随着21世纪逐渐进入信息时代、互联网时代、大数据时代、云计算时代，计算机技术、互联网技术、云存储技术、大数据挖掘技术的有机融合，都为会计档案数字化资源的获取、存储、传播和使用带来了巨大的便利。然而，科学技术是一把双刃剑，在会计档案数字化资源给人们带来便利的同时，随之而来的则是档案资源信息的安全性隐患。因此，为了防患于未然，需要加强对会计档案数字化管理过程中的安全管理。当然，任何安全措施都具有相对性，绝对安全的防范措施是很难实现的，只有采取多重安全保护措施，才能提高会计档案数字化资源的安全性。

（二）会计档案数字化管理的安全保障措施

1. 访问控制策略

为了安全地实现会计档案数字化资源的信息共享，防止档案文件由于共享可能导致文件被破坏和被修改，会计档案数字化系统需要建立访问控制策略和档案资源保护机制。有多种途径可以实现对会计档案数字化资源的访问控制，其中最主要的策略就是会计档案数字化系统的用户身份控制，包括将所有用户划分为系统的管理用户、特殊共享用户和普通共享用户。前者为档案资源的创建者或管理者，中者为具有特殊权限的共享用户，后者为普通权限的共享用户。

2. 档案信息加密策略

为了确保会计档案数字化资源整体及其中的全宗信息、文件信息、数据信息和口令信息在系统内与使用中的安全,对档案资源进行加密保护是必不可少的一种主动性安全保护措施。

3. 数据备份策略

会计档案数字化系统资源的数据备份是指为了防止系统管理人员误操作或由于系统故障而导致档案资源信息和数据丢失,将档案资源信息复制到其他空间载体的行为。目前已经逐渐放弃了早期较为传统的内置或外置磁盘备份的做法,开始采用互联网网络硬盘备份的方法。

4. 数据恢复策略

当会计档案数字化系统资源由于各种原因出现数据无法读取和使用的情况时,需要及时进行档案资源的数据恢复。其原理就是将表面上看起来系统中已经不存在的档案资源信息数据,通过一定的技术手段,将其从系统的存储介质中恢复成为原有的档案资源信息数据。目前这种技术主要通过相关的数据恢复软件得以实现。

第三章　档案开发利用的主体与客体

第一节　档案开发利用主体的类型

从微观上来讲，档案开发利用工作是由档案工作人员承担的，但从宏观上而言，档案开发利用工作由不同类型的档案机构承担。本章从档案机构类型的角度来划分档案信息资源开发主体的类型。随着时代的变化，信息技术和互联网等技术开始在档案中应用，档案馆开始有了一些新的变化。在实体档案馆仍占重要地位的前提下，一些档案网站、数字档案馆开始建立，在档案信息资源开发方面，比实体档案馆显现出更多的优势，不仅能弥补实体档案馆开发档案信息资源的不足之处，还能有效提高档案信息资源利用的效率及效果。

一、档案馆的历史演变

我国的档案馆演变有一个历史过程，不同的历史阶段档案馆的主要功能、性质都有不同的特点。档案馆的演变历程与档案信息资源开发利用有着密切的联系。

（一）古代档案馆

我国正式的档案馆在很早就已建立，历朝历代均有正式的档案馆来管理王朝中央政府形成的档案，这些档案馆在各个朝代的名称各异。西周出现了中央政府正规的档案机构——天府，负责保管文书档案的正本，负责管理天府的史官称“守藏史”。汉朝时期，汉相萧何为收藏入关时收集的秦代档案、图书而建立了专门的档案馆石渠阁，由御史中丞掌管的兰台亦是皇家档案的保管机构；东汉则修建了东观储藏档案、典籍。唐宋时期建立了系统的档案保管机构——架阁库，集中保存王朝形成的各种档案与图书。明朝时期亦有专门的档案馆，如专门保存户籍赋役档案的后湖黄册库及专门保存文书档案的文渊阁。清代的内阁大库是内阁收储文书、档案的库房，位于紫禁城东南隅、内阁大堂之东。库为砖石结构，墙面辟窗，窗中有铁柱，外有铁板窗。其存放红本、典籍、关防等文件的库房，称之为红本库；存放书籍与三节表文、表匣及外藩表文的称为实录库；存储实录、史书、录疏、起居注及前代帝王功臣的画像等物的称为满本堂。

古代档案和珍贵图书是不加分别的，天府、兰台等机构既是中央档案馆，也是王室、皇家的图书馆。王朝档案馆具有封闭性，它们均不向社会公众开放，只有权贵阶级才有可能利用馆藏的档案，这时的档案信息资源开发利用主要体现在“资治”和“存史”两方面。

我国古代非常重视档案的利用，档案利用的方式如下。

1. 档案汇编与公布

春秋以前，学在官府，档案为官府所藏，为贵族统治者专用。春秋战国时期，社会动乱，出现了“学下私人”的局面，档案流散到社会。一些学者开始利用档案编纂书籍，孔子利用档案编定了“六经”。《尚书》是我国历史上第一部档案汇编。档案的汇编公布，扩大了档案利用的范围，但历代的档案汇编大多出于施政或修史的需要，因而很少能为民众所用。

2. 利用档案编写地方志

自汉代以来，盛世修志已绵延两千多年。地方志简称方志，是一个地区的综合性资料书，具有资政、教化、存史的作用，已经成为我们研究一个地区历史、文化、经济、教育等情况的重要资料。编修地方志需要大量的、多方面的、真实可靠的资料，其中，档案的作用最大。著名的清朝方志学家章学诚认为，档案是方志之骨。清代是方志的全盛时期，据统计，全国现存的 8 000 多种志书中，清代占 5 000 多种。

3. 利用档案修史

“以史为鉴，可以知兴替。”历代统治者把修史作为巩固统治的一项重要措施，从中总结治理国家的经验教训。中华文明得以延续，与我国历代始终注重治史有着直接的关系。有着“正史”之称的“二十四史”，从西汉司马迁的《史记》到清代乾隆年间的《明史》，整个编撰过程长达 1 800 多年，记事起于传说中的黄帝，止于明崇祯十七年（1644 年），长达 4 000 多年。每一部史书都是利用档案修撰而成的，因而没有档案就没有信史。

（二）近现代档案馆

清朝灭亡，社会动荡不安，档案不断流落到社会上，为了抢救明清档案，1925 年 10 月，成立了故宫博物院文献部。文献部先后更名为掌故部和文献馆。文献馆时期，整理开发了大量明清历史档案。中华人民共和国成立后，我国建立了现代化的档案馆体系，除了国家档案馆外，还有地方档案馆、专门档案馆、企业档案馆、高校档案馆等，档案馆的类型和层次多元化特征明显。近现代档案馆实行档案开放的原则，档案馆中保存的档案，可向公众提供服务。近代时期，由于社会档案意识的薄弱，加之战乱不断，因而档案的利用主要局限在历史学家的范围，文献馆对明清档案进行汇编公布，这一时期的历史研究相当活跃。现代时期,从《中华人民共和国档案法》颁布后,我国的档案馆明确规定了档案馆开放利用的权利和义务,档案信息资源开发利用进入了一个新时期。对档案利用来说,它改变了利用的性质和特点,一方面,从根本上改变了古代时期利用的封闭性质,使利用从少数人享有的特权转变为更多人享有的一种权利;另一方面,既拓宽了利用者的范围,又丰富了利用的目的。

我国的近现代档案馆与古代王朝中央档案馆相比,档案馆的性质发生了根本的变化,从为统治阶级服务的一种特殊"武器库"转变为面向社会大众的服务机构。引起这一变化的重要原因在于档案信息资源开发利用的对象和范围有了实质性的改变,档案馆开始向社会公众开放,并开发档案信息资源为全社会公众提供服务。档案馆成为一种科学文化工作机构,为社会公众提供档案服务。一般来讲,现代档案馆的性质主要由公有档案馆反映出来,公有档案馆大多属于科学文化机构,而非公有档案馆的文化性质则稍逊一筹。

总而言之,档案馆的历史发展进程与档案信息资源的开发利用有密切关系,可以说,档案信息资源的开发利用是否为社会公众服务成为区别古代档案馆库与现代档案馆的根本标志之一。

二、档案馆类型的划分

(一)实体档案馆

1. 公共档案馆

根据《中华人民共和国档案法》《中华人民共和国档案法实施办法》中对我国档案馆类型的分类,我国档案馆主要可分为各级国家档案馆、专业档案馆(含专门档案馆、部门档案馆)两大类。

(1)国家档案馆

我国国家档案馆一般可分为历史档案馆和综合性档案馆两类。历史档案馆包括中国第一历史档案馆和中国第二历史档案馆。

①历史档案馆

中国第一历史档案馆中保存的主要是明、清中央机构的档案,它是明、清王朝政治、经济、军事、文化和科学技术等活动的记录,是一种重要的历史文化遗产和精神财富。可以说,中国第一历史档案馆中保存的档案主要体现的是史料价值、社会记忆价值,目前基本没有涉及保密的事宜,这对第一历史档案馆的档案开发利用工作非常有利,它简化了档案开发中的开放鉴定环节。第一历史档案馆的服务对象是全社会普通公众,尤其是各种研究型学者。面对大量公文术语迥异、用语晦涩且保存状况不一的明、清历史档案,第一历史档案馆开发档案信息资源的任务主要是加快整理步伐,使馆藏的档案形成系统有序的整体;编制大量检索工具,提高查找的质量,尤其注意利用现代化技术,建立明清档案的电子化目录及全文档案数据库,从而减少对珍贵历史档案原件的磨损;继续编纂公布明、清历史档案,明、清档案数量庞大、内容丰富,现存约有 1 000 多万件,经过编纂公布的约有 100 多万件,明、清档案编纂开发利用工作今后仍是研究的重点;在人力、财力俱备的情况下,可根据一定的专题进行定项编研,出版具有学术研究价值的档案出版物;结合历史工作,为编史修志工作服务。

中国第二历史档案馆保存的主要是民国时期各个政权中央机构的档案。从形成时间上说,它指 1911 年辛亥革命推翻清朝政府的统治,南京临时政府改国号为"中华民国"起,至 1949 年 10 月 1 日中华人民共和国成立时止,包括北洋政府档案、国民政府档案、汪伪政权档案、革命历史档案,以及各社会团体、学校、某著名人物的档案等。这些档案从总体上而言,已经失去机密性,属于对外开放的历史档案,然而还有一部分档案涉及一些敏感问题,如国家关系、民族关系、外事问题和未经公布的档案资源等,目前尚不能对外开放提供利用。因此,第二历史档案馆在开发档案信息资源前要经过开放鉴定,把能够公开的民国历史档案通过各种途径对外服务。民国档案的开发利用是一个薄弱环节,第二历史档案馆档案信息资源开发的任务除了常规的民国档案整理、编目工作外,要利用现代信息技术,加快民国档案电子化的步伐,加大民国档案信息编研的力度。

②综合档案馆

综合档案馆一般分别隶属于各级党和政府,收集保管党和国家在各方面管理活动中形成的档案。根据综合档案馆所处的层次不同,综合性档案馆可分为中央级和地区级综合性档案馆两种类型。综合性档案馆是我国国家档案馆的主体。

各级综合性档案馆的馆藏档案来自各级党、政机关形成的政治、经济、军事、文化等社会实践活动,它对政府的施政具有重要的参考作用,对社会经济的发展具有重要的增值作用,同时对科技文化的创造性活动具有重要的推动作用。因此,《档案馆工作通则》明确规定,综合性档案馆要通过多种方式,积极地开展档案资料的开发利用工作,参与编史修志。

(2)专业档案馆

专业档案馆是指国家专门管理某一方面或某一特殊专业和技术活动中形成的档案而设置的档案馆。它的具体含义既可体现在其专业职能上,也可以体现在馆藏档案载体的特殊内容和形式上。目前,我国有全国性的专业档案馆,如中国照片档案馆、中国电影资料馆等,还有地方性专业档案馆和某一专业系统建立的专业档案馆,如机械工业部档案馆、铁道部档案馆、测绘档案馆、邮电部档案馆、交通运输部档案馆、气象档案馆等。

由于专业档案馆保存的档案具有专业技术性强、时效性强的特点,因而其档案信息资源开发利用工作具有非常强的针对性、专业性,它要求其开发信息资源时必须要掌握相应的专业术语，在适当的时机促进档案的利用。

2. 内部档案机构

内部档案机构主要是指在某一机关或组织内部设立的、保管本单位形成的档案并主要为本单位提供服务的档案机构。从其主体来看，内部档案机构主要有企业档案馆、事业档案馆和档案室三种类型。

（1）企业档案馆

由于企业档案馆是企业的有机组成部分，作为企业的内部组织机构，它必须服从和服务于企业的中心工作，必须为企业的决策和管理服务。企业管理工作中形成了各种档案，诸如科技档案、文书档案、会计档案、经营管理档案、生产技术档案等，其中科技档案所占的比例最大。不同类型的企业，其档案的专业性特色也各有不同。因此，企业档案馆开发档案信息资源时，其服务对象主要是对内，同时兼顾对外，这就要求企业档案馆根据企业信息需求的变化，有选择地开发档案信息资源，尽可能发挥科技档案的增值作用，为企业管理活动服务；针对企业的档案史料，可以编辑企业大事记、企业沿革等史料，向社会提供服务，宣传企业生产、经营和科学技术发展等方面的情况。

（2）事业档案馆

事业档案馆是档案馆的一种类型，它是学校、医院、科研等单位设立的永久性保管本单位及所属部门档案的专门机构，大致可分为文化事业型档案馆和科技事业型档案馆。它与企业档案馆类似，亦是对内服务为主，对外服务为辅。文化事业型档案馆中的高校档案馆在档案信息资源的开发利用中占有重要作用。高校档案馆保存的有教学科研档案、学籍档案、文书档案、基建设备档案等，其中的教学科研档案蕴含着极高的价值，对于教学及科研的创新有着重要的作用。加快教学科研类档案的开发与利用，是高校档案馆未来的发展方向。因此，高校档案馆要积极地配合学校的教学活动，以及教师和学生的利用需求，加快高校档案的开发力度，在为本校服务的基础上，向社会普通公众提供服务。

（3）档案室

档案室是各机关，诸如各团体、工厂、企业、事业单位等，统一保存和管理本机关档案的内部机构，是整个机关的组成部分，是属于机关管理和研究咨询性质的专业机构。档案室是国家档案工作组织体系中最普遍、最多、最基层的业务机构，从性质上而言，档案室是机关的内部组织机构。它的主要任务是为机关的发展服务，基本不对外服务。因此，机关档案室开发档案信息资源的任务相对来讲比较简单，主要是从事必要的检索工具的编制工作，并根据机关的需要提供相应的参考资料服务。

3. 档案信息资源开发的补充主体

（1）文件中心

文件中心是一种社会化、集约化和专业化的档案管理机构。文件中心不同于档案室，并不是一个单位内部的档案管理机构，而是介于单位和档案馆之间的一种中间性、过渡性的档案管理机构。目前，我国的文件中心有两种类型：一种是由政府建立的非营利性的政府性文件中心；另一种则是由个人或有关机构建立的一种营利性的文件中心。

文件中心的主要职能是把文件从形成机关接收、存储进文件中心；提供快速、准确的文件借阅服务，满足用户的利用需要；确保文件安全、管理科学；根据由文件形成机关制定、档案馆批准的档案保管期限表对文件进行挑选、鉴别和销毁不需要继续保存的文件，并向档案馆移交具有永久保存价值的文件。文件中心一般不从事与文件内容有关的研究活动，这是它与档案馆在职能上的一个根本区别。因此，文件中心对档案信息资源的开发活动相对而言比较简单，它主要是针对文件形成机关的要求，做一些简单的二次开发工作，如编制档案目录、索引等档案信息资源查找工具，保证档案形成机关能够快速、准确地查找和利用自己形成的档案文件，而不涉及档案信息资源的三次开发工作，其档案信息资源开发行为比较单一。

(2)档案寄存中心

档案寄存中心是指由国家综合档案馆设立的，为各类企业、社会团体及个人提供档案寄存有偿服务的机构。目前设立的档案寄存中心基本上都属于有偿服务性质的机构。它主要为不具备充分保管条件的企业单位、破产单位、社会团体、公民个人等，提供文件与档案的寄存服务。档案在寄存中心保存期间，所有权形式不变，档案馆一般只提供安全保管服务。档案寄存中心对寄存单位的档案信息资源开发行为主要是为了确保寄存单位的档案信息资源得以妥善、有序保管，开发一些档案信息资源客体的线索性产品，如各种类型的检索工具等。

(3)档案事务所

档案事务所是指提供档案事务服务的一种商业的营利性档案服务机构。它主要为各级国家综合性档案馆，各机关、团体、事业单位，乡、村及公民个人等提供服务。服务的项目主要有档案的整理、装订，各种档案目录的抄写、著录、打印，档案的保护及抢救等。所以，档案事务所对档案信息资源的开发是一种被动的简单行为，它与文件中心、档案寄存中心一样，多从事档案信息资源的二次开发。需要注意的是，档案寄存中心、档案事务所的二次开发行为是属于有偿服务的，而政府性的文件中心则是属于非营利性的无偿服务。

总之，公共档案馆是档案信息资源开发的最关键主体。公共档案馆所拥有的档案信息资源数量最为庞大，内容极为丰富，它的有效开发利用，从根本上决定了档案信息资源开发利用工作的质量和水平，是一项关乎现在、惠及长远的工作，必须引起重视。企业档案馆、高校档案馆是档案信息资源开发的重要主体。企业档案及高校档案的有效开发对促进企业发展和科研进步有着重要作用，必须加以重视。机关档案室档案信息资源的开发对机关工作的顺利开展起着积极的作用，不能轻易放弃。新型档案机构对档案信息资源的二次开发对被保管单位档案的正常利用有着积极的意义，是档案信息资源开发的补充主体。

(二)数字化档案机构

随着计算机技术、网络通信技术、多媒体技术等信息技术的发展和普及,电子文件大量产生并累积,档案信息资源开发也进入了信息化时代。与之相对应的,档案信息资源开发主体也开始具有信息化、数字化的特征,使得档案信息资源开发呈现出新的格局。

1. 档案网站

档案网站是档案机构在公共信息服务网上建立的站点,它一般以主页的方式提供相关档案服务和档案宣传。目前档案网站是档案信息资源开发与利用的一个重要平台及窗口。档案网站对档案信息资源开发、利用的功能主要体现在以下几个方面。

(1)档案信息服务功能

建立档案网站的主要目的之一是向社会公众提供档案信息的查询服务,使档案用户可以借助互联网络快速、便捷地查询,并获取档案信息。这可以说是档案网站在服务用户方面相较于传统的实体档案馆最具优势之处。

(2)传播文化功能

我国档案信息资源丰富。从古至今,历史上很多珍贵的档案得以留存,这些档案具有丰富的文化内涵,通过开发,可以把这些档案文化产品通过档案网站向全社会进行传播,从而进一步扩大档案工作的社会影响力,增强全社会的档案文化意识。

(3)与用户的交流互动功能

档案网站可以通过开辟用户专栏,或者通过论坛、电子邮件、聊天工具等,使档案部门与档案用户的关系密切起来,及时了解和掌握档案用户的利用需求动态,从而不断提高档案信息资源开发与服务的水平。

2. 数字档案馆

数字档案馆不是一种物理实体,而是利用网络技术,将分布于不同档案机构的数字化档案信息资源以网络化方式相连接,实现档案信息资源共享。其实质就是一个有序的信息空间和资源共享的信息环境。数字档案馆与实体档案馆开发档案信息资源的关系如下。

(1)实体档案馆是数字档案馆开发档案信息资源的基础

数字档案馆对档案信息资源的开发利用有三个必备要素,即数字化的档案信息资源,借以传输的通信网络,档案用户。无论是纸质型的还是电子型的,抑或是其他类型的档案信息资源,都是人类社会实践活动的产物。除了少数的直接以数字形式形成的档案信息资源外,多数档案信息资源不会自动流入网络,仍需依靠现行的实体档案馆对馆藏的档案信息资源进行数字化开发,转化为数字化形式才能供数字档案馆进行开发、提供利用。因此,实体档案馆为数字档案馆开发档案信息资源提供了丰富的物质保证。没有现行实体档案馆,数字档案馆对档案信息资源的开发将会成为无源之水,不会有长久的生命力。

(2)数字档案馆拓展了现行实体档案馆档案信息资源开发与服务的能力

实体档案馆是一种基于"拥有"型功能定位的档案馆,主要通过收藏档案信息资源以满足本馆乃至网络用户的档案信息需求。这种机制侧重于对本馆拥有的档案文件实体进行相应的开发及提供利用,使实体档案馆对档案信息资源的开发及利用局限在具体的、物化的资源范围和场所范围之中,无法在社会上发挥更大的作用。而数字档案馆则是一种基于"存取"型功能定位的档案馆,主要通过搜寻和利用档案机构拥有的馆藏资源来满足用户档案信息需求。它把逻辑的、动态的档案信息资源和档案信息管理系统引进了实体档案馆,在其中构建了一个虚拟的档案信息环境,打破了实体档案馆及其馆藏的物理界限,使档案馆在网络上能方便地搜寻、选择、开发档案信息资源,同时借助强大的技术能力,可以大大延伸并拓展实体档案馆的档案信息资源开发服务能力,从而更为有效地开展社会服务。

(3)数字档案馆与实体档案馆的最大区别在于对高新技术的应用上

数字档案馆是在数字化时代运用高新技术系统开发档案信息资源的方式,主要通过计算机、互联网、多媒体技术等的运用,提供更加丰富多样的档案信息资源利用方式;而传统化开发模式基本不使用先进的新技术,只借助于人工手段开发档案信息资源。

(4)数字档案馆开发档案信息资源面临着更多的挑战

实体档案馆开发档案信息资源经验丰富,而数字档案馆开发档案信息资源刚刚起步,还存在着很多问题,如技术问题、资金问题等。数字档案馆的相关技术是比较复杂且不断发展的,它几乎囊括了计算机网络技术所需解决的所有问题,如技术密集,发展迅速而难以把握,制约着档案信息资源的开发水平。数字档案馆的资源匮乏问题是一个很普遍的问题,很多数字档案馆较少对实体档案文件进行数字化处理,且并未投入到互联网上,使数字档案馆因资源匮乏不能开展有效的档案信息资源开发与服务工作而流于形式。另外,档案信息资源开发的知识产权保护等相关法律问题、档案信息数字化的分级等,都对数字档案馆的档案信息资源开发提出了很大的挑战。

因此,数字档案馆与实体档案馆对档案信息资源的开发不是一种替代关系,而是一种相互依赖、相互促进的关系。如果没有实体档案馆,数字档案馆就失去了开发档案信息资源的基础;反之,没有了数字档案馆提供的数字化环境,档案信息资源开发就不会突破原有的格局,实现更大范围的、优质、高效、快捷的档案信息利用服务。可见,数字档案馆对档案信息资源的开发需要借助于实体档案馆档案信息资源开发的成果,而数字档案馆则进一步提升了实体档案馆开发档案信息资源的能力与水平。

第二节　档案馆信息资源的开发类型

档案馆虽然面对的客体档案信息资源有所区别,服务的用户也有差异,但从总体上来说,档案馆的开发行为可以划分为两大类:第一类是面向档案用户的;第二类是面向档案信息资源客体的。

一、面向档案用户的开发模式

面向档案用户开发的核心是服务,主要是档案信息资源开发人员与档案信息资源需求机构或人员之间进行的交互性行为,这种档案信息资源开发模式主要是为了提高档案信息资源开发人员的服务水平和档案信息供给与需求双方的交流效率。

(一)共建共享型开发

这是面向档案用户开发模式中最重要的一种类型,它是指档案信息资源开发人员为了方便档案用户集中利用分散的档案信息资源,打破档案馆之间的隔离,减少档案信息的孤立、片面、重复现象,实现档案馆之间档案信息资源的共享、互联互通及档案信息资源的整体利用价值而进行的工作。共建共享型的档案信息开发可能需要多个拥有可以共享的档案信息资源的档案馆共同合作,这些可以对外公开利用的档案信息资源有可能是同一主题的,也有可能是不同主题的。例如,建立全国人事档案信息系统可使全国人力资源信息得以共享,促进对人力资源的合理配置和利用;开发档案全文数据库或档案目录数据库,实现了各档案馆馆藏档案的互联和共享。这种类型的档案信息资源开发工作,一方面满足了档案馆自身对档案信息的管理和利用需求;另一方面满足了档案用户从档案馆获得更多服务的要求。需要注意的是共建共享型开发,不意味着所有的档案信息资源都是可以共享的,任何时期,总有一些档案信息是需要保密的。因此,共建共享型开发必须注意区分档案的开发等级,做好用户的利用权限设置,既保证用户可以自由利用各种类型的档案信息资源,又保证用户的利用在合理范围之内,使不同的档案信息资源在不同的维度内发挥最大的价值。

(二)公布型开发

公布型开发是历史档案开发的一个典型,它是指档案机构根据档案客观状况及现实需要,将档案原件制作成围绕某一专题的档案文献物的工作,如在各种文献(期刊、报志等)上公布的档案,或者直接出版的各种类型的档案汇编、档案丛编、档案文集等,皆是公布型的档案信息资源开发成果。历史长河中,从早期《尚书》的编纂,到民国时期明清档案的大量公布，直至现在，定期的档案信息编纂公布已经是档案信息资源开发的一项常规性开发工作。我们积累了丰富的公布型开发经验，公布型开发成果丰硕，形成了一套公布型档案信息资源开发利用模式。然而，传统的公布型档案信息资源开发工作，从编纂的选题、档案文献的查找挑选、档案文献的加工编排，乃至档案文献出版物的完成，这一系列的工作都是在信息技术不是非常发达的条件下，利用大量的手工环境完成的，公布渠道多是采用出版发行方式或者媒体公布方式，形成纸质出版物供用户进行利用。这种传统的公布型开发在现代信息社会中显现了很多不利之处，如开发过程比较久，开发成品不能显示音频、视频等效果，用户利用不便，传播受时间、地域限制等。在新的资讯时代，公布型开发的工作模式在不断改进，现在网络环境下的公布型开发正处于摸索阶段，可以预见的是，纸质形式的公布出版物将会在很长的一段时间内存在，但在未来社会，公布型开发有可能和共建共享型开发合为一体，通过创建各种专题数据库的形式来替代公布型开发工作。

（三）代理服务型开发

代理服务型开发是指档案信息资源开发人员为了实现用户更加方便地利用档案信息资源，减少用户在利用档案信息资源过程中的不确定性，提高用户获得档案信息资源的水平，而由更加专业的档案信息资源开发人员提供的专门服务。例如，根据档案用户的咨询，为用户进行专门解答的服务；根据档案用户的委托，定期搜集相关档案专题，为用户跟踪服务等。代理服务型开发实质上是为用户提供档案信息服务。这种类型的档案信息资源开发模式所提供的服务针对性非常强、含金量非常高，考验着档案信息资源开发人员的能力和素质，也是考验档案信息资源开发人员水平的一个重要标准，在未来有很大的发展空间。

（四）宣传与教导型开发

这种开发模式是指档案信息资源开发人员通过各种形式和途径，吸引用户并向用户传递档案信息资源描述信息，或者指导用户如何利用档案信息资源等活动。具体开发形式有普通宣传型，即利用档案举办各种主题或专题展览，进行档案宣传；网络宣传型，即利用档案网站进行档案工作宣传，制作多媒体档案进行宣传；教导型宣传，即档案用户的检索教育、档案用户阅读教育等。宣传与教导型开发可以使更多的公民接触到档案信息资源，培养潜在的档案信息用户，扩大档案信息用户的范围，并提高档案信息用户利用档案信息资源的效果，避免因用户不了解档案信息资源或者不熟悉档案信息资源的查找使用方法而带来负面效果。它的价值在于提高用户利用档案信息资源的能力和水平，减少档案信息资源的闲置浪费。

二、面向档案信息资源客体的开发模式

面向档案信息资源客体的开发是指档案机构以馆藏档案信息资源为开发对象，通过对档案信息资源客体进行的分类、排列、著录、标引、检索、转化、评价、总结等活动实现档案信息资源的价值升值。

（一）整理型开发

整理型开发是指档案信息资源开发人员针对档案信息客体的状况，对档案信息资源重新进行分类、排列、著录、标引，建立各种类型的检索工具，如案卷目录、卷内文件目录汇集、分类目录、全宗文件目录、专题目录、人名索引、地名索引、文号索引、全宗指南、专题指南、档案馆介绍等。整理型开发一方面帮助用户重新认识已经存在的档案信息资源，揭示其内部联系和规律，放大档案信息资源的价值；另一方面通过对档案信息资源重新排序、建立索引、统一检索标志等，使档案信息资源成为一个规范化、标准化的体系，便于用户查找使用，也为档案信息资源开发人员的进一步开发打下基础。

（二）转化型开发

转化型开发是指档案信息资源开发人员将不同类型、不同载体、不同形式、不同文种的档案信息资源进行形式转换，以方便用户利用的开发活动。这种开发模式主要是基于信息技术背景下，将档案信息资源在不同的类型、组织结构、表现形式之间进行转化。具体说来就是多介质转化，即将口述档案通过笔录、录音等方式转化成记录型的档案信息资源，将电子文件通过下载打印成纸质档案，将纸质档案转化为缩微档案；数字化，即将文献记录型档案通过一定的技术手段转化为电子档案；多媒体化，即将磁带等声频、视频档案，以及图形、图像档案和文本档案利用信息技术结合在一起形成多媒体档案。转化型开发可以使客体的档案信息资源在不同的类型之间自由转换，方便了档案信息的传输和保存，也便于用户在各种环境下进行利用。

（三）主题汇集型开发

主题汇集型开发是指档案信息资源开发人员将分散保存的档案信息资源，按照用户的特定需要，采用一定的技术方法，重新进行加工组合，汇编成新的档案文献出版物，例如，大事记、组织沿革、基础数字汇集、专题概要等。这种面向主题的档案信息的聚合与分类的开发可以是一个档案馆范围的，或者是一个数据库范围的，例如，某一专题数据库、人事档案数据库。

事实上，所谓的主题汇集就是要打破原有的档案信息资源组织结构，将分散保存在各个地区、专业、行业档案馆及不同全宗内的档案，根据一定的原则重新梳理、排序、分

类等,形成新的档案信息组织结构,从而在一个主题范围内实现档案信息的深度揭示和广度的搜集。但是,它并不对档案信息内容进行深加工,也就是它按照一定的规则尽可能全面搜集档案信息,对档案原件不加改动,也不对档案信息的利用方面加以限制,如何利用由用户自己负责。

(四)研究评价型开发

研究评价型开发是档案信息资源开发主体通过对某一时期、某一学科或某一专题现有的档案信息资源进行归纳整理和分析,从而做出综合评述;或根据其发展规律,预测未来一段时间内发展动向的开发活动。这种开发是一种研究性的再创造活动,其结果将形成三类档案信息开发成品:综述类,档案编研中查考性材料的编写,另外还包括各种综述、专题总结等;述评类,档案编研中评述性材料的编写,其他还包括利用档案而写的各专业、行业某一专题的评述、点评和评论等;预测类,主要指利用档案进行研究而形成的对未来的预测、趋势分析和未来展望等。研究评价型开发主要是通过档案信息服务的方式来进行,可以通过定题服务、追踪服务等为用户提供综述类、述评类及预测类档案信息开发产品。这种模式凝结着档案信息资源开发人员的智力劳动成果,能够让用户直接利用去解决相关问题,因而价值极高,但难度也比较大。

总之,档案信息资源的开发模式可分为面向档案用户的开发及面向档案信息资源客体的开发两大模式。而针对档案信息用户的公开型开发模式和针对档案信息资源客体的主题汇集型开发模式可以说是一个问题的两个方面;代理型开发与研究评价型开发亦如是,二者互有交叉。因此,这两种开发模式的具体类型只是因为目的不同而采用不同的划分标准,但二者相辅相成,不能截然分开。

第三节　影响档案开发主体的因素

档案是人类社会实践活动的产物,档案信息资源开发是档案工作人员选择、整理、组织和开发档案信息资源的社会性活动,这种活动必然要受到来自经济、文化、科学技术等各方面因素的影响和制约。近几十年来,信息技术迅速发展和广泛应用,社会政治、经济、文化领域的深刻变革,以及由此带来的档案事业的发展变化,无疑都给档案开发主体带来直接而深刻的影响。

一、现代信息技术环境的影响

现代信息技术是指在计算机、通信技术及网络传输技术支持下完成的各种信息的收集、获取、加工、传递和使用的各种技术,具体包括用以收集、获取、加工、存储、变换、显示和传递文字、数值、图像、视频、音频等多种信息资源的数字压缩、数据库与多媒体传播的技术及方法。现代信息技术提高了人类对信息的接收和处理能力,延伸了人类社会的交流空间,并以其越来越快的步伐改变着以往的社会结构。档案馆是集社会文化、教育、科技等为一体的综合性档案信息收藏与服务的机构,是社会知识资源与原始信息资源的集散地。随着信息技术的日益渗透和运用,档案信息开发主体都不可避免地受到了信息技术环境所带来的根本性影响和冲击,现代信息技术不仅仅成为档案馆开发档案信息资源的一种手段,而且充当了档案馆、档案信息资源、社会和用户联系的媒介与桥梁。

(一)对开发的硬件环境的影响

档案信息资源开发所处的硬件环境是指开发档案信息资源时那些有形的物质条件,如各种办公设施、工具等。不同时代,档案人员开发档案信息资源所处的硬件环境会有一定程度的变化,但总体而言都处于手工开发阶段。随着计算机和其他信息技术设备的应用,档案人员开发档案信息资源所处的硬件环境与传统相比有着天壤之别,凭借着先进的硬件设备,实现了档案信息资源开发的数字化,大大提高了档案信息资源开发的效率。通过利用计算机及其他网络技术,档案人员建立了各种类型的档案信息数据库,编制各种类型的档案信息检索工具,向用户提供便捷、快速的档案信息服务;利用多媒体技术,编纂集文字、图像、声音等为一体的档案出版物,更为重要的是利用先进的数据库技术和数据挖掘技术进行档案信息资源的应用开发,实现档案信息资源的高级开发利用。

(二)对开发的软件环境的影响

档案开发的软件环境是指开发档案信息时那些无形的条件,如档案开发的思想观念、制度方法等。计算机及网络的出现使得我们的生活方式、思维方式、经营方式、行为方式等都发生了重大的变化,公众开始成为社会生活的主体,档案人员开发档案信息资源的新兴观念也在悄然兴起。从档案人员的角度看,过去简单的档案信息资源开发模式已经不能适应新的形势,档案馆从某种角度上讲与档案用户是平等的主体,只有真正尊重、了解用户的需求,以用户的需求为导向,开发出的档案信息资源才有市场,用户才会买账,档案馆才有发展的空间。档案开发人员思想观念的转变意味着已经不存在完全被动的受众,面向用户的档案信息资源开发模式正在兴起,随之而来的是档案信息资源开发的方法、制度环节的改进,从档案信息检索工具的编制、档案编研选题的确立、各种定题咨询服务的提供等,都真正以用户的意志为档案信息开发工作的重心。

二、知识经济的影响

知识经济是建立在知识和信息的生产、分配和使用基础上的经济,是继农业经济、工业经济之后的一种新的经济形态。它的兴起源于20世纪末的信息技术革命,是通过芯片技术、光通信技术、网络技术及软件技术的发展,使知识的生产、传播、应用及存储方式产生变革,引发了知识创新、加工和使用方式的革命,并成为经济增长的核心。知识经济使社会的经济增长方式发生了根本性变化,更加依赖于知识的创新、生产、扩散、应用。知识经济作为一种新的经济形态,对档案开发主体的活动有着重要的影响。

(一)注重档案信息资源开发利用的高效化

在知识经济时代,从知识到技术再到经济的作用过程大大缩短,任何知识、技术成果如不能迅速转化为现实生产力,很快就会被社会淘汰。这对档案工作人员开发档案信息资源的新颖性、时效性提出了更高的要求。因此,档案开发主体必须十分重视利用快捷的大众传播、现代通信工具及信息技术向用户迅速提供各类档案知识,以争取市场的主动权。此外,档案工作人员不仅向用户提供各种原始的档案文献或文献线索,更需要向用户提供经过筛选、深加工的高效档案信息,如档案述评、各种档案编研成品等三次文献和各种主题档案数据库,使档案知识占据信息市场的一席之地。

(二)注重档案信息资源开发产品载体的多样化

知识经济既是学习经济、创新经济,又是网络经济。信息技术和网络技术为知识的传播提供了广阔的空间和基础条件。人们对档案知识、档案信息载体的需求已不局限于传统的印刷型档案出版物的范畴,而较多地体现为对电子档案信息的需求,并力图通过快速的信息通道获取和利用档案信息。因此,档案馆必须适应这种新的变化,在传统的纸质档案检索工具、档案编研出版物的基础上,利用新型载体传播快速、利用便捷的优势,开发出各种类型的电子化档案检索工具、档案专题数据库及电子档案出版物,从而促进档案信息资源开发成品的利用。

(三)注重档案信息资源开发内容的多元化及专门化

由于知识和信息成为社会发展趋势力,社会对知识与信息的关注程度必将提高,档案作为社会的核心信息资源,各阶层社会成员对档案知识的需求必然增加,档案知识利用主体呈现出明显的多元化趋势。这就要求在开发档案信息资源时,档案馆开发人员必须对档案的内容有深入了解,尽量使档案信息开发成品满足社会公众的多元化需求,如建立大量的专题数据库、满足更多检索途径的档案信息检索工具、吸引公众普遍关注的档案信息编研成品。随着社会分工越来越细,学科的发展互相交叉渗透,新的知识不断涌现,不同类型、不同层次的社会成员所需求的档案知识在内容、类型、深度等方面都有很大的差异,用户对档案知识的需求体现出了专门化的趋势。因此,档案馆开发人员必须有针对性地开展档案信息资源的开发工作,对不同的档案用户提供不同的档案信息开发成品。

(四)形成新的档案信息资源开发格局

我们现在处于一个信息爆炸的时代,档案馆所接收的档案信息数量越来越庞大。知识经济时代,人们不能也不愿在档案信息的汪洋大海中去找寻自己所需的少量档案信息,而是更加注重大量档案信息中可用档案知识的效用。任何一个档案馆想依靠自己有限的力量来开发如此庞大的档案信息资源,显然是力有不逮的,因而各档案馆应该打破壁垒。首先,把档案信息资源整合起来。从全局出发,进行档案信息资源开发的整体规划。其次,根据档案信息资源开发的领域及程度决定是否与其他档案馆或机构合作。如果是小型的开发项目,则由单个档案馆独立承担;如果是大型的档案信息资源开发项目,则由不同的档案馆和相关机构分工协作。这是一种互惠互利、优势互补、共同发展的一种档案信息资源开发格局。

第四节　档案信息资源开发主体的社会意识

随着信息时代的发展,用户由初始的大众化向小众化趋势演变。用户个性化色彩越来越明显,当今无论哪个服务性行业,都必须遵循这一特点来开展自己的工作。这就要求,档案信息资源开发工作要想取得成效,不仅需要档案信息资源开发主体本身具有较高的业务素质,还需要其具有较强的社会意识,不能敝帚自珍,必须主动了解用户的利用需求,采取多种措施提高用户的档案意识,积极主动为用户提供服务,更大程度地发挥档案信息资源的价值。

用户是档案信息及其服务的使用者。用户作为档案信息开发服务的对象始终处于中心位置。用户的基本状况和要求不仅决定了档案信息资源开发的方式和信息服务的内容,而且决定了档案信息开发服务工作的机制和模式。在局部上,某一部门的档案用户需求决定了该部门档案信息开发与服务的内容;整体上,一个国家各种类型和层次的档案用户及其信息利用需求,在全局上决定了整个国家档案信息开发服务业的总体规模、原则和要求。

一、研究用户档案信息需求规律

档案信息与用户存在着一一对应的关系。可以说,每个人无论从事何种类型的工作、属于何种职业,都会产生档案信息资源利用的问题,只是对档案信息资源需求的程度有着强弱的区别。因此,档案信息资源开发主体必须对其受众即档案用户进行研究。研究档案用户的关键在于分析档案用户的信息需求,探讨档案用户的需求心理,继而把握档案用户信息需求的内在规律,全面掌握用户信息需求的情况,从而有目的、有针对性地开发档案信息资源，真正体现出“以人为本”的档案信息资源开发理念。用户的职业属性、个体能力及个人爱好都会对其利用需求产生直接影响，而社会政治环境、自然环境等外在因素也会间接影响用户的档案信息需求。因此，档案信息资源开发主体必须在分析用户档案信息需求的基础上，厘清用户的档案信息需求规律，从而指导自身的档案信息开发行为。

（一）易用性规律

一般情况下，用户在利用档案信息资源时倾向于简便、迅速地利用行为。如果利用档案信息资源对用户来讲过于麻烦，那么对用户的档案信息需求将起到极大的抑制作用。如果档案馆开发出来的档案检索工具难以使用，档案信息数据库利用不便，档案信息编研产品不易阅读利用，那么这样的档案信息开发产品很难获得用户的好感，更无法得到较好利用。

（二）效用性规律

用户对档案信息资源的利用通常有种预期，即利用的档案信息资源能够对自己所需问题的解决起到作用。不同类型的用户对档案信息的价值期望各有不同，例如，研究学者希望获得的档案信息具有真实性、全面性，他们更多地希望利用档案原件来为自己的学术研究提供最真实的历史依据；企业科研人员则更关注档案信息是否具有新颖性、真实性、可操作性，能否为企业的产品创新带来价值；而普通的百姓更关注档案信息的新奇性、趣味性、方便性。无论用户对档案信息的期望究竟为何，但共同的一点是，所有用户都希望利用的档案信息能够满足自己的利用需求，给自己带来某种作用价值。如果档案信息开发人员开发出来的档案信息产品不能满足用户的这一利用心理规律——效用性规律，那么这样的档案信息开发产品是失败的。

（三）阶段性、动态性规律

用户对档案信息的需求不是一成不变的，不同用户的档案信息需求不同，同一用户的档案信息需求也具有阶段性和动态性。用户在工作的不同阶段会相应地对档案信息需求呈现阶段性特点，如科研人员平时的档案信息需求、研究一个项目时的档案信息需求和完成研究时的档案信息需求都不同，必须要注意用户档案信息需求的阶段性规律。另外，用户的知识结构也在不断变化，随着用户不断吸收新的知识，用户对档案信息需求的内容和质量都不相同，在档案信息资源的开发服务过程中，必须注意用户档案信息需求的动态性规律，使提供的服务与用户的知识结构相适应。

（四）“马太效应”规律

档案用户的“马太效应”日趋明显。对于为数不多的档案用户而言，由于其素质比较高，又具备较有利的物质经济、自然条件，对档案信息资源的利用率比较高，利用效果比较好，但随着时间的推移，这部分用户的优势积累越发明显，档案信息需求量将逐渐高于其他用户，其在行为上表现为力图占有更多的档案信息资源；而另一部分用户，由于物质经济及自然条件不利，个人档案信息能力也处于劣势，那么他们的档案信息需求会越来越小，势必会影响他们对信息资源的利用。这就是用户档案信息需求中的“马太效应”规律。研究用户档案信息需求中的“马太效应”现象，有助于档案信息服务人员实施不同的策略开展档案信息服务。

在档案信息资源的开发与服务过程中，档案信息资源开发服务人员必须考虑用户的心理因素，要从用户角度来思考问题，规划档案信息资源的开发战略，设计具体的档案信息资源开发方案，并针对用户的独特心理来开展相应的档案信息服务。

二、开展个性化档案信息服务

（一）建立完整的档案信息资源体系

个性化档案信息开发服务要求从用户的档案信息需求出发，充分调查与捕捉用户个性化的档案信息需求，构建整合各种载体和各种档案信息资源类型的档案信息资源体系。在档案信息资源整合中，不能重蹈资源重复、分散建设的覆辙，应该在档案部门组织机构、档案设备、档案信息技术标准等方面摸索出一条能真正促进档案信息资源共享的道路，这就需要在管理方面加大力度，确定不同档案部门合作实现档案信息资源与技术共享的方案。各档案机构也应进行相应的体制变革，打破原有的隶属关系，消除因体制等原因而人为地造成档案信息资源分散保存、相互隔离的信息孤岛现状。

（二）建立档案信息资源组织的标准规范

基于个性化的档案信息开发服务需要建立和遵循关于档案信息资源描述、组织、资源服务等方面的标准与规范，才能保证所建立的档案信息资源体系的可使用性、可操作性和可持续性。可使用性，指所建立的档案信息资源体系因技术标准统一，能够在复杂的技术环境下被用户方便地利用。可操作性，指所建立的档案信息资源体系能够大范围地共享，即使因物理原因分隔，但由于技术标准与规范统一，也不会影响档案信息开发服务人员对档案信息进行重组、整合等操作，为用户提供档案信息服务。可持续性，指所建立的档案信息资源体系因技术标准统一，具有技术兼容性，因此，能够在变化的技术与运行机制下长期保存和使用，能够保证在未来的服务环境下为档案信息开发人员提供服务。

（三）整合档案信息资源

满足以“用户为中心”的档案信息个性化需求，要求从有效、可靠、可持续地提供和保障用户所需档案信息服务的角度出发，积极整合档案资源，配置相应的管理和服务技术。在基于个性化的档案信息开发服务过程中应准确反映用户需求，保障用户参与档案信息开发与服务的过程，在档案信息资源开发时，要注意将被动的档案信息开发方式转换为主动的档案信息开发方式，加大应用档案开发的力度；将档案用户上门索取档案信息的服务方式转变为主动地为用户提供相关的档案信息，进行定期、追踪式的档案信息服务，并在档案数据库、档案网站、数字档案馆上提供方便用户的各项功能和档案信息导航，以优质的服务吸引用户。

（四）实现档案信息资源的跨系统、跨层次、跨地域的无缝链接

在个性化的档案信息开发服务中，必须建立系统、完整的档案信息资源，实现档案信息资源的共享。传统时期，因部门、地域的限制，档案信息资源共享实现程度比较低，大大限制了档案信息资源开发人员针对用户提供个性化档案信息开发服务的范围、内容及程度。信息技术的大力发展为档案信息资源的高度共享提供了实践上的可行性，为此，应充分利用已有的信息技术，走开放性档案信息资源的整合道路，加强各档案馆之间的合作。目前，我国各档案馆信息资源开发存在的一大弊端就在于彼此的资源不能实现共享。档案信息资源的共享意味着要统一标准，合作建设，这是我们长期以来追求的目标。各档案馆要通力合作，通过建立档案网站、数字档案馆等，实现档案信息资源的跨系统、跨层次、跨地域的无缝链接，建立档案馆内部馆藏资源与外部档案资源相互协调的机制，为个性化档案信息开发服务奠定坚实的资源基础。

个性化档案信息开发服务是以档案信息资源的整合为前提，强调的是档案馆面向用户开发档案信息资源，提供各种档案信息服务的集成，基本模式主要包括互动式档案信息开发服务、个性化档案咨询服务、建立档案知识数据库和档案信息定制服务等，为了保证个性化档案信息服务更好地开展，档案信息资源开发需要建立全面的档案用户数据库，保护好用户的个人隐私权，及时和用户进行用后信息反馈，建立相应的测评机制，对用户进行利用指导，帮助用户将档案信息需求转化为实际的利用成果。

第五节　档案信息的范畴

一、档案信息的概念

档案信息的开发利用工作是一项浩大的系统工程，涉及社会的各个方面。在对这项工作进行系统研究之前，我们必须了解档案信息的内涵并揭示档案信息的一般属性和特殊属性，这对于研究档案信息的一系列问题，都具有指导意义。

（一）档案信息

档案开发利用工作的客体就是档案信息。我们要对档案信息的基本概念有一个清晰的认识。

1. 信息

认知主体对物质运动的本质特征、运动方式、运动状态及运动的有序性的反映和揭示，是事物之间相互联系、相互作用状态的描述。通俗地讲，信息是人们从客观事物中得到的，包含于消息、情报、指令、数据、图像、信号等的知识和内容。信息受认识主体的约束，没有主体就没有信息，只有在主体活动的参与下信息才有存在的价值和意义。

2. 档案信息的内涵

了解了信息的概念之后，我们来进一步了解和掌握档案信息的概念及内涵。从逻辑上讲，“档案信息”与“信息”是种概念与属概念的关系。档案信息是信息的一种存在形式，是人类社会的一种重要信息资源。档案信息是信息的一类，因而属于信息的概念范畴，它也是主体与客体相互作用的结果。据此有人将档案信息定义为人类同外部世界进行物质与能量交换，或称人类改造外部世界的过程中留下的有保存价值的最原始的内容的名称。简言之，档案信息是依附于一定载体上的人类活动的原始信息集合。可见，档案信息也只有在主体活动的介入和参与下才有存在的价值和意义。

档案信息包括以下三个部分。

（1）原始档案信息

原始档案信息指已经存在但还没有经过处理的档案信息，它不仅包括档案中所记录的内容，还包括与档案的外部特征相关的信息。它分布在各个档案部门，需要经过加工才能成为档案信息资源。

（2）经过整合的档案信息

档案信息经过加工、整合成为更有价值的档案信息资源，它较原始档案信息价值高，不是零散的而是有序地组织在一起，不是被搁置一旁的而是随时准备被开发利用的。

（3）与档案信息资源相关的信息

从档案部门输出的将不仅仅是档案信息，也包括与档案信息资源有关的信息。档案信息的受众不仅需要档案信息，有时也需要与档案信息资源相关的信息，如档案载体信息、存档信息、档案库房建设信息、档案装置信息和档案保管信息等。

档案信息同信息的其他存在形式一样，需要依赖于一定的载体，使用一定的语言符号进行表达（语义），具有多与少、有与无、时空等的差异性，而且同其他信息存在形式在产生、收集、组织、传输、存储、维护等信息活动的各个信息生命周期具有一致性。

档案信息存在信息收集和组织的问题。档案形成于社会实践活动中，其主体包括不同的组织、机构、团体、个人等，而且记录信息方式、内容、价值也是各种各样。因此，档案管理机构的基本职责就是将这些不同形成主体、不同记录内容的档案信息按照一定制度和原则，采取不同的方法和手段进行收集与加工。同时作为产生于社会活动中最为直接原始的记录，档案所承载的内容必然会分散、无序，甚至存在时间、空间上的错乱。为此，必须经过科学、有效的整理，即对档案信息按照一定原则进行分类、排序，使之在时间、结构和空间位置上呈现出一定合理性，使之能够接近于原始活动的状态。

（二）档案信息的属性

1. 档案信息的一般属性

人们通过各种方式和手段来直接或间接地获得档案实体中所蕴藏的信息内容，即使可能会存在影响认知的各种障碍，通过反复的研究也有可能排除障碍获得信息内容；这些可知的档案信息内容是可扩散和可交换的，在各自掌握档案实体和已获知其信息内容的条件下，即使不交换档案实体，也可以通过其他信息传递方式获得档案信息，并使档案信息呈几何级数不断扩散；可扩散性是实现档案信息共享的前提，可知的档案信息经过扩散和传递被社会大众共享，共享档案信息是开发利用工作的基本目的，随着社会的进步，对档案信息共享的需求愈加强烈；档案信息是可转换的，将信息符号转换成更方便或是利用者更乐于接受的形式，伴随着技术进步，档案信息呈现出传递方式和载体多样化的特征；档案信息是可浓缩的，将相关信息通过筛选、对比、提炼和富集，去除冗余，以较少的空间占有提供尽可能多的纯度更高的信息量。

2. 档案信息的特殊属性

档案信息具有本源性、回溯性、积累性、内向性等特殊属性。

（1）本源性

信息按其来源可以分为原生信息（或本源性的信息）和派生信息，或者按其性质可分为原始信息和经过处理的信息。档案信息属于原始信息，即各部门对某一活动的最初数字、文字和图像等的直接记载，所以本源性是档案信息的最主要特点。档案信息是档案文献所维系的自然真实的来源联系，即与社会实践的同构或对应关系。这种来源联系与“来源原则”的“来源”既有关系又有区别，可以作时间、空间、人物、数据等多元的广义理解。本源性信息是加工信息的基础，任何信息资料都起源于原始信息，因而档案信息在社会信息系统中具有特有的地位和作用，它是整个国家和社会信息系统的基石之一。

（2）回溯性

信息按其时间特征可分为历史信息和有关未来的信息，又称回溯性信息和预测性信息。档案属于记录和反映已经发生的活动、事件及其过程，即用来追溯以往的信息，通过它可以利用前人的劳动进行创新，也能为现实的研究、决策和预测未来提供基础。

（3）积累性

档案信息的积累性特点比较突出。诚然，任何信息资料均可不断地积累和扩充，但是档案信息一定体系的形成和发展，往往具有连续不断及定向积累的特点。需要指出的是，档案信息的这种积累，通常受到诸如归档制度、管理条例，乃至《中华人民共和国档案法》等法规性文件的制约和保证，从而增强了档案特有的价值和作用。

(4)内向性

由于档案文件形成于人们的直接活动，大部分又产生于不同的机关单位，因而档案信息具有内向性的特点，有些材料在一定时间里仅限于规定的控制范围内使用。也因为如此，档案信息中有很多属于社会上稀有的或难得的材料。但是，从总体来说，档案是社会性的信息记录，是人们进行社会活动的产物，又用于社会实践中。档案信息的内向性也是相对的和发展变化的。

本源性、积累性和内向性是档案信息的主要特点。档案信息本源性的特点决定了档案信息资源开发利用的价值性。档案信息是人类对自然和社会中各种事物的存在方式与运动状态的直接感知及记录，是第一手信息，它是在人类活动中直接形成的，不是事后根据需要重新整理的，具有永久的价值；同时，档案信息与图书、情报等其他信息相比，不但珍贵，而且可信度最高，参考价值最大。而档案信息积累性的特点，则为人们全面地、历史地研究事物发展的规律性及多方面的信息需要提供了优越的条件。

现代社会信息化的过程日益加速，档案信息也越来越重要。这就迫切要求将档案信息能够更多地向社会提供利用，使全社会可以共享和共用。如果档案信息不能被社会所利用，也就失去了其存在的价值。因此，只有掌握了档案信息的特点，采取相应的科学管理措施，才能有助于我们开发利用档案信息资源，发挥档案信息的优势，弥补它的局限性，从而使档案信息的社会效益和经济效益得到最大限度的提高。

(三)档案信息来源于档案实体

档案信息与档案实体既有联系也有区别。其区别在于，档案实体是看得见、摸得着的，而档案信息虽然可以识别，但其本身却是看不见、摸不着的，档案信息必须附着于一定载体上才能被认知、传递和共享。用一句话来概括二者的联系，即人们通过阅读档案实体来获取档案信息，档案信息是来源于档案实体的。

档案信息寓于档案实体之中，离开了档案，档案信息就失去了源泉及可靠性的最终凭证。所以，开发利用主体是不能不直接接触档案实体的。如果档案实体经过开放、阅读和利用，档案信息就被获取并存储在某种载体上，经过传播实现分享，满足日益广泛和多样化的档案信息需求；如果档案实体被限制使用或束之高阁，档案信息也无法获知，其作用也无法发挥。在档案信息开发过程中，开发主体一般是要经过阅读档案实体内容后提取档案信息的，在这一过程中要维护档案实体的原貌，保证其安全，并在阅读和提取档案信息后，及时将档案实体完好地归还档案实体保管部门。经过对档案信息的开发，研究档案信息的价值，分析档案实体的保存状态及表现形式的优点及不足，在更高水平上建立各条档案信息之间的联系，从而以更便于阅读和利用的方式来传递相关档案信息。我国各档案馆、档案室及社会上所保存的各个时期、各种内容、不同种类的数量浩瀚的档案实体，蕴藏着档案信息开发利用工作取之不尽、用之不竭的资源。

如前文所述，档案信息包含三方面内容：原始档案信息、经过加工的档案信息和与档案信息资源相关的信息。这三方面档案信息都来源于档案实体，都体现着档案的可据性。其中，原始档案信息与档案实体的关系最为直观，原始档案信息往往被视为档案的等同物，是档案实体所记录的内容，可以通过阅读来获得。自古至今，存在着大量的非档案实体却等同于档案实体来利用的表现形式，如我们所熟知的诏令奏议集、实录圣训、会典会要等，这些以新的载体形式和辑录方式记录下来的档案信息使档案实体内容的原文（或全文或大部分）在几千年的历史长河中得以长久地流传，尤其在档案实体遭到毁损、原件内容无法提取的情况下，这些记录着相同内容档案信息的表现形式为我们认识历史、考证历史提供了可能。也是从这个意义上，我们把档案信息作为档案的等同物来利用。所以，档案信息在被视为档案的等同物时，提取出的档案信息要和档案实体内容完全一致，从而使利用者承认档案信息和档案实体在发挥可据性方面是等同的。

二、档案信息的价值

（一）档案信息价值的概述

档案信息价值的实现也同其他信息一样，当档案信息这一客体与主体（作为社会实践和认识活动者、行为者的人）之间构成了一种特定关系，即一种主体对它需要的关系时，也就是档案信息的存在、属性及其变化满足了主体生存和发展的需要时，其价值就得以实现了。因此，主体的客观需求和利益是衡量档案信息价值的尺度。档案信息客体和主体及其需要是构成档案信息价值关系的两个因素，二者缺一不可。档案信息的多重属性特征为档案信息价值的实现提供了前提。

档案价值是指档案本身所具有的属性对主体需要的满足，是人类的需要对档案自身的属性的肯定关系。档案信息价值揭示的是档案信息与人们对它的需要之间的一种特定关系。

（二）档案信息价值的表现形式

由于档案信息内容涉及社会的各个方面，就其总的概念来看，档案信息价值对主体更具有广泛的适应性。因为档案信息价值是物质与精神的综合价值，人们利用档案信息可以改变某种物质生产的方式和提高生产效率，或得到某种经济利益，从而满足人们的物质需要；人们也可通过利用档案信息来编史修志，进行文学、艺术作品的创作，扩充知识，提高认识能力，从而满足人们的精神需要。

1. 历史价值

档案信息的历史价值是指档案信息在研究历史中所发挥的凭证效用和情报效用，历史价值通常也被表述为史料价值。档案信息来源于档案，在历史的疑团中，档案的出现，会令不实的东西处境尴尬、原形毕露。档案在历史研究中具有最权威的凭证作用和参考作用。

例如，《清宫秘档》是由湖南广电集团电视节目中心等几家单位联合摄制完成的28集大型电视纪录片，通过具有权威性的国家第一档案馆的故宫“秘档”，揭开了众多鲜为人知和有争议的历史真相，用清宫的档案去对照关于清代一个个“戏说”，还原了历史的真实面目，使人们在观赏的同时，不仅在历史知识上有所补充，对史料的谬误也有了新的更正。

2. 政治价值

从档案的产生和最初对档案的利用至今，档案信息的政治价值在相当长的时期内是其主要的甚至是唯一的价值表现。从我国传世最早的史书《尚书》到封建王朝各时期的诏令奏议集，从秦汉的法律文书到明清的经世文编、方略等，无论是官方的还是后来出现的私纂，档案信息都是为统治阶级进行国内外政治斗争、体现统治阶级意志和总结统治经验教训而开发利用的。

在阶级社会，最高统治者及各级衙署形成的官府档案多是在处理行政、法律事务过程中形成的，其内容往往带有较强的阶级性。按照统治者的特定政治意图，将这些档案实体的内容信息按照需要进行部分提取，以新的表现形式更集中、更权威地体现统治阶级的意识形态，强化其意志的贯彻执行。

3. 文化价值

档案属于一种文化现象，它既可反映上层建筑的观念形态，又能反映经济基础或物质成果中凝聚的精神价值。档案实体中所蕴含的文化内质，很多情况下须借助于提取档案信息这种文化智能与文化手段才能得以批评、继承和发扬。历史上各个时期重要的档案文献成果，诸如《尚书》、实录、诏令、奏议、法典汇编等，都凝聚着不同时代的文化及人类的智慧，是“人类智慧的物态结晶”。

档案信息在很大程度上是档案部门投向社会文化市场的特殊的精神产品，通过文化传播网络而成为社会文化系统的一个组成部分，在人类缔造的文化世界中占有极其重要的地位。它可以作为人们从事研究与决策、进行精神生产的资料，同时也可以作为丰富人们精神世界、提高文化素质的消费品。档案信息的作用在文化建设方面表现出很强的直接性，作为文化建设的一个组成部分，独立地发挥着积累、传播人类文化的作用，具有独立的文化价值和功能。

档案信息的流传在承传社会文化的同时，还会产生文化的增值效应。这种效应一方面表现在量的增大上，即传播面的扩大；另一方面表现在质的增大上，即信息在传播中价值意义的增加。随着现代信息技术和大众传播媒介的发展为档案文献编纂成果的传播提供了良好的手段与途径，档案文献编纂的传播增值功能将会进一步增强。

档案信息是一种很重要的教育资源，具有文化的宣传教育功能，历代统治者都非常重视档案信息的教化作用，即教育、引导、启蒙、传道。档案信息的教育价值也可被认为是政治价值的延伸。当下，大多档案馆已被认定为爱国主义教育基地，这主要是由于档案内容涵盖广泛，又是第一手的真实材料，因而其说服力和感染力相对于其他教育资源来说更强。现在绝大多数档案馆都是通过举办专题展览的形式来对社会大众起到宣传教育的作用。

4. 经济价值

档案信息的经济价值，是指档案信息在促进现时经济的发展、提高社会各方面的管理水平、提高社会生产力水平等方面所发挥的作用。随着社会主义市场经济体制的建立和发展，以经济建设为中心大力开发档案信息资源向社会提供利用成为人们普遍关注的问题。档案信息在为领导决策、参与竞争、工作咨询、科学研究、提高企业的劳动生产率、农业增产和增收等领域，特别在一些与经济领域关系密切的方面发挥了积极作用。

提供档案信息为经济建设服务主要体现在，一方面提供档案信息作为历史经验材料和全面数据材料，为各级领导决策提供依据；另一方面，提供档案信息作为事实和数据，为具体单位解决具体问题提供凭证和依据。

相对于前面所提到的档案信息的历史价值、政治价值和文化价值而言，档案信息经济价值的体现往往是间接的，有时被称为“社会经济效益”。但即使是间接地体现经济价值，仍有相关的数字支撑。

不仅如此，近几年，全国各地档案馆都紧紧抓住档案文化这一资本，加强建设档案文化产业，创造出巨大的经济效益。

5. 民生价值

狭义上的民生主要是指民众的基本生存和生活状态，以及民众的基本发展机会、基本发展能力和基本权益保护的状况。那么，档案信息的民生价值是指档案信息满足公民在民主政治、劳动就业、社会保障、教育医疗、食品安全、社会管理等领域的需求。

从利用者的角度，档案信息已经越来越多地服务于普通大众；从发挥作用的领域来说，是发挥在诸如婚姻、土地、房产、社保、教育、就业等与普通大众切身利益密切相关的领域。档案信息在解决民生问题的过程中发挥着重要的基础性作用。档案信息民生价值的发挥得益于近些年国家和各级政府关注民生问题的方针和政策，普通百姓在享受政策、解决个人切实问题的过程中查找和利用档案信息，使尘封于馆室的档案得以发挥价值。

第六节　档案信息的变革

一、档案信息的传播

(一)档案信息传播流程

档案信息传播模式是对档案信息传播的内在机制,以及传播中各要素和环节之间关系的直观、简洁的描述。档案信息传播侧重于在具体执行过程中给出一个具体的参考方案,为档案信息资源传播的具体研究提供范本、模型,从而有利于人们的研究。档案信息资源传播的流程包括档案信息资源传播的各个要素,具体如下。

1. 档案信息源

信源就是信息的来源,可以是人、机器、自然界的物体等。信源发出信息的时候,一般以某种方式表现出来,可以是符号,如文字、语言等,也可以是信号,如图像、声音等。档案信息传播流程中的信源对应的就是档案信息本身,包括各种各样的档案信息,以及与档案信息资源相关的信息。这些信息有的是系统的,有的是杂乱无章的,有的很有条理,有的只是片言只语。

2. 档案部门

档案部门是档案信息传播的主体,包括集中保管档案的机构、集体甚至个人。其中,最主要的是档案馆。档案信息作为传播的客体,需要经过档案部门的处理才能达到传播的最终目的。

3. 传播渠道

档案信息必须通过一定的方式传递给利用者,这些方式体现为档案信息的传播渠道。档案信息资源的传播渠道有很多种,往往根据实际情况会使用其中的一种或者几种。档案信息不仅通过正规的传播渠道即公共组织传播渠道,也可以通过非正规传播渠道即大众传播渠道进行,信息受众通过被动接受或者主观地选择接受信息,达到信息资源传播效果的最大化。

4. 档案信息受众

档案信息受众是档案信息的接受者,是档案机构主要提供服务的对象。档案信息受众的范围也是很广泛的,它不仅包括档案的利用者,还包括主动或者被动接受档案信息的人。

5. 反馈

一个完整的传播流程必须包括反馈环节。只有通过反馈才能更好地掌握传播效果，为下一次传播提供参考。档案信息受众将利用过程出现的问题、发现的不足和档案信息资源的利用效果等反馈给档案信息资源管理者，由档案信息资源管理者进行整理，对传播过程做出评价、提出问题并执行相关的改进措施，进一步完善整个档案信息资源的传播。

（二）档案信息存储方式

信息存储技术是信息技术的核心之一。存储作为信息的载体使信息的价值得到实现和增值，也就是说，存储的数据才是现代人类社会的真实财富所在。如何有效地保存、管理和应用这些越来越多的数据，是摆在我们面前的重大课题。

1. 铸刻书写

在文字产生以前，信息能够传播，但只能存储于大脑之中，容易造成记忆偏差、信息确定性差的问题。信息是在文字出现以后才能够以可识别的和可流传的方式存储和传播。受载体形式的制约，档案信息经历了以铸刻方式存储在甲骨、青铜器、石料、竹木等载体上和以书写方式存储在简牍缣帛载体的历史。这些在当时社会经济、生产和科学技术水平制约之下产生的各类早期档案载体，具有取材便利、形态稳定、便于保存的特点。纸张的发明与推广使用，使档案和档案信息由简帛时代逐步进入以纸张为载体的书写时代。纸质载体便于书写和保存，推动了档案信息的复制和流传，隋唐时期，纸质载体的书写本进入全盛时期，无论是官修书籍，还是私人著述，全赖于手抄流传，手抄书甚至成为一种专门职业。

2. 计算机技术

通过计算机的输入设备（如键盘），将档案信息（文字、数据等）经过电磁转换输入计算机的存储器中加以存储，利用时可通过计算机的输出设备（如显示屏、打印机）输出。使用计算机技术存储档案信息，实现了档案管理现代化，使档案编目、检索、管理等实现了自动化，极大地提高了工作效率，但受计算机磁盘容量的限制。计算机存储档案信息主要是存储档案原件的索引、档案二次文献及档案缩微品的索引等。

3. 磁存储

磁存储包括磁带、软磁盘、硬磁盘、磁卡及相应的读写设备。磁带是一种用于记录声音、图像、数字或其他信号的载有磁层的带状材料，是产量最大和用途最广的一种磁记录材料。软磁盘是可以脱机传递和存储的计算机磁介质信息技术存储载体，其特点是成本低、价格不高、采用随机存取工作方式，因而存取速度较快；体积小、质量轻、便于携带、互换性好，因而便于数据交换。硬磁盘是指与计算机驱动器装在一起的磁介质信息技术存储载体，是计算机的主要外部存储设备，其特点是存储容量大、存取速度快、不易拆卸、不易脱机保存、可靠性高。磁卡是一种卡片状的磁性记录介质，利用磁性载体记录字符与数字信息，用来标识身份或其他他用途，其特点是防潮、耐磨且有一定的柔韧性，携带方便，使用较为稳定可靠。

4. 光存储

光存储以光盘为代表。光盘有很多种类，按功能可分为只读式（后缀为 ROM）、可记录式（后缀为 R）、可擦重写式（后缀为 RW）或随机存储式（后缀为 RAM）等几种。不同种类的光盘适用于不同的用途。只读光盘多用于游戏、软件、产品发布和电子出版等领域；可记录式光盘允许用户自己写入信息，但只能写一次，可无限次读出，特别适用于办公、个人影像资料保存、档案病历管理等，CD-R 光盘是目前市场拥有量最大的光盘产品；可擦重写式光盘可以像软盘一样随意擦写使用；相变型光盘具有向下兼容的特点，即可以和只读式、可记录式的光盘系统兼容。光盘具有很高的安全可靠性，即对周围的温、湿度及电磁干扰的不敏感，对恶劣环境的较强适应性，为档案的永久性保存提供了条件。

（三）档案信息的传播媒介

档案信息的传播必须借助一定的工具即媒介才能实现，传播是档案实现其价值的行为，而媒介就是行为的工具和手段。

1. 语言媒介

在文字产生以前没有文字记录符号，以语言为媒介的口头传播方式记录生产生活并流传下来。虽然这种在当时没有用文字记载下来的内容，由于是通过口头传播得以流传，不能称为现代意义上的档案信息，但它已具备了档案的本质作用，即供日后的查考利用。在没有文字的时代，人类要使发生的历史事件流传被后人所知，只能借助语言媒介传播，并成为我们今天研究史前史、文化史不可忽视的重要材料。这种借助语言媒介得以流传的“口述档案信息”也正日益受到国际档案学界和史学界的重视。

2. 原始媒介

原始媒介主要有结绳、刻契和图画。这是远古先民在以语言媒介为主作为传播方式的时代，为了适应越来越复杂的社会生活和越来越大的环境空间而发明与使用的一些早期的体外化媒介，用它们来记录重要的事件、生产和交易情况。虽然结绳、刻契和图画作为实物档案起到一定的凭证作用，并可以保存、传递，但它们毕竟只是标记和符号，不能传播确切、完整的抽象意思。

3. 文字媒介

由文字记录形成的档案，能把语言及其他各种手段表达的信息记录下来，并且使这种历史记录得以长久保存，同时可以跨时空传播。文字必须“书写”在一定的物质载体上才能进行传播，而且只有书写在一定物质载体上的文字才真正构成了传播媒介。甲骨、竹木、缣帛、金石都曾经是文字的书写载体，但因为笨重、不易携带、不便书写、价格昂贵等原因不利于档案信息的广泛传播。直到东汉时期蔡伦改进了造纸术，造出了一种性能良好、价值便宜的纸。到了魏晋时代，纸张逐渐成为主要的文字书写媒介。

4. 印刷媒介

北宋庆历年间，毕昇发明胶泥活字印刷术，使印刷媒介在档案信息的传播方面开辟了新的阵地。印刷术和印刷机对档案文件的直接影响就是改变了档案孤本、绝本的问题，既能通过印刷获得较多的副本，又可以因为副本增多、传播面宽而为社会提供更多的服务。印刷媒介书、报、刊的出现是建立在造纸术的发明基础之上的。印刷媒介不但能大规模承载并传播档案文字信息，而且还能承载传播图片档案，如一些照片、图画等。印刷术的使用使浩若烟海的档案典籍得以大批量复制并广泛传播民间。

5. 电子媒介

广播、电视的运用使声音、图画或文字等皆可凭借复杂的电子设备大量而迅速地传播。先进的现代化的电子媒介具备传播速度快、传播范围广、直观性等印刷媒介所不具备的显著特点。利用电视电台公布和播放非保密的档案信息，特别是一些声像档案资料，通过真实的画面，使受众在视觉享受的同时又能深刻地理解信息，提高了传播效果。电子媒介的这种现场直观性是以往媒介所不能相比的。

6. 网络媒介

我国档案信息化建设工程的启动和各级各类档案馆网站的建立，标志着利用以互联网为载体的网络媒介进行档案信息传播的出现。一些档案部门实现了部分馆（室）藏资源的数字化，在网上公布馆藏指南和检索目录，发布非保密的档案信息、已公开现行文件及一些声像资料，展示档案编研成果等。用户直接登录网站，通过检索目录级查询就可检索到开放的档案信息，甚至可以检索到全文信息。

二、档案信息变革的动因

（一）档案实体客观状况制约档案信息传播

档案实体自身的特性，限制了档案信息价值的实现。档案在自然状态下呈现出分散性、内向性、时空跨越性的特点，这与信息需求的系统性、共享性、时效性形成对比，成为档案信息与信息需求的障碍，从而客观上降低了档案信息价值，难以实现信息资源的有效传播和共享。

1. 档案实体的载体局限

档案实体大多是孤本，受到特殊管理措施和保管条件的制约，使档案信息的传播功能受到极大的限制。档案虽然突破了时间限制，把历史中的重要信息保存下来，但档案本身由于受到形成、传递、使用和保管的局限，造成它难以突破空间的限制。不能使档案信息被有利用需求的人普遍获得，更不可能在同一个时间内被许多人同时使用，这就不可能形成某一部分档案信息被社会相当数量的人同时关注、同时研究、共同探讨的社会条件，阻碍了档案信息的有效传播，使档案信息难以实现社会性的利用效果。

档案是以实体状态存在的，其原始载体，无论是纸质的，还是磁性的或化学的，由于受到自然、社会及政治、战争等因素的影响，很难实现永久留存。科学的保护技术，只能延长其存在的时间，而不能保证其永不消逝。物以稀为贵，越是留存时间久的珍品档案，其史料价值越大，利用价值越高，人们越是希望能“一睹芳容”；然而，其利用次数越多，档案实体的寿命就会越短。这就形成了档案实体利用上的悖论。这个矛盾不解决，文化便不能传承。

档案原件的寿命和副本的有限性，是人们对档案信息广泛的、共同的、经常的、永久的利用需求的阻碍。

2. 档案实体整理状态的制约

我国各级档案馆保存的档案，不仅数量浩大，而且保存分散。各级档案馆对档案实体整理，虽然在档案的分类、立卷时，档案工作者会在一定程度上尽量保持档案内容之间的有机联系，但总的来说，全部档案不可能按照某一专题内容的逻辑关系进行完全的组合。反映某一问题、某一时间、某一人物活动的档案，往往分散保存在不同的地点，或者同一地点的不同单位，即使保存在同一档案馆内，也往往分藏在不同的全宗、类别或案卷之中。

然而，人们在利用档案的时候，却又多是在一定的时空范围、按一定的专题进行的，这时，利用者就会面临一个困境：如果要研究某一事件或某一人物的历史，就需要到各地有关的档案部门去广为查找、辗转搜寻、反复检索，使档案上的信息内容很难被需要的利用者顺利获得，造成了档案信息的存在状态受到档案实体整理状态的制约，记载某一专题内容的相关档案难以形成系统有序的信息流。

档案实体数量浩大、保存分散、混杂无序的状态同人们对档案信息利用完整精练、集中有序的需求之间存在矛盾，并进一步影响档案信息资源整体优势的发挥，进而直接影响社会上的科学研究和生产管理等工作。

3. 档案实体原始特征的制约

档案信息的表现方式受到档案实体形成及原始特征的制约，不易解读，影响档案信息有效性的发挥，造成在利用档案信息时不同程度的障碍。

档案实体内容（主要指历史档案的内容），从文字、文体、文种、书写习惯到人名、地名、时间、机构、职官名称、名物制度、术语、方言、译文、隐语等，受其形成的历史时期和原始特征的制约，与现代存在很大差异，造成史料价值极高可是内容艰深难懂的尴尬境地，利用难度与现今大多数利用者的知识背景、文化素质之间存在着较大的差距，使人望而却步。

在历史档案中，字体上有繁体字、草体字及个人随手写的不规范字体，有的是外文、除汉族以外的其他民族文字，有的字迹剥蚀、残缺漫漶、模糊不清；还会出现错字、多字、漏字、颠倒等情况；异同方面，同一文件的不同文本在文字上往往有差异；书写体例上受当时文种及书写规定、习惯的制约，有与现代书写体例差异较大的竖写、抬头、不标点、不分段等。而对内容上的利用受其原始特征的制约更是困难重重，除了时代特征的烙印，更出现所述史实及观点受作者阶级属性及认识条件影响而存在的歪曲、不实、不准、不明、片面等情况，也有作者及形成时间不明、错乱、讹传，甚至伪造、假托等情况。

（二）开发者的各种因素影响着档案信息的开发和传播效果

目前，我国档案信息的开发利用主体仍是各级档案部门，在深入发掘馆藏档案资源，收集社会资料，采取多种形式，编辑出版了大量文献信息资料，在存史资政、发展经济、领导决策、学术研究等方面做出了很大成绩。同时，随着档案信息属性的不断强化，开发主体落后的观念和素质缺乏已影响了档案信息的开发与传播效果。

1. 观念障碍

长期以来，档案部门的传统观念与档案信息传播的客观要求形成了矛盾，制约着档案信息的传播。首先，“重收藏保密，轻开放利用”的观念，使档案部门和档案工作者过分强调档案的保管与保密工作，忽视了其信息传播功能，导致档案信息资源的开发利用停留在低层次上。其次，“重安逸，轻竞争”的观念，使档案部门和档案工作者在竞争日益激烈的信息服务市场中难有较大作为。许多档案部门没有主动服务的竞争意识，仍停留在“坐等上门”的被动服务状态。

2. 素质结构的障碍

目前，我国档案工作者的素质还不能满足档案信息传播现代化的要求，主要表现在：第一，许多档案工作者缺乏现代信息传播的基本理论和技能，对利用电子邮件、电子公告板与电子论坛、网络传播等新的信息传播媒介为用户提供服务感到很陌生。第二，计算机网络和现代通信技术人才缺乏。档案信息数据库的开发、档案馆网络和通信设施的建设与维护等都需要技术力量的支持，而档案工作者的总体素质偏低，高水平的专业科技人才更是缺少。

3. 开发主体单一化

除了以档案部门作为主导开发利用档案信息以外，社会人士和机构也应积极从事档案信息的开发利用。另外，档案部门可与社会机构合作，共同开发档案信息，以档案机构保管的大量档案为基础，从社会人士和机构的视角确定具体的开发方向，便于更迅速地了解社会利用需求，有针对性地开发档案信息。

（三）新技术推动档案信息的存储和传播

现代信息技术的发展给档案信息的开发利用带来了新的契机，使得档案信息资源开发活动变得更加快捷、充分、深入和有效。信息存储技术使档案信息能够相对脱离特定载体，在使用和传播上摆脱了管理的局限性；网络技术的发展逐渐突破了档案信息利用在时间和空间上的局限性，档案信息的传播更加快速、便捷。

1. 信息存储技术

从开发利用的介质来看，高速发展的现代信息技术提供了新的信息存储载体、传递渠道及信息处理方式，使得档案信息数量剧增，形式各异。缩微技术、光盘技术、计算机技术、多媒体技术的发展使缩微胶卷、胶片、录音、录像制品、光盘等新型载体形式的档案信息大量增加。

(1)缩微技术

缩微技术，用缩微摄影机将档案原件的影像缩小记录在感光材料上，经过冲洗和拷贝后，制成缩微胶片(包括卷片、平片、开窗卡)等，使用时借助光学设备加以放大还原才能阅读或复印，其中母片用于存储，拷贝片用于提供利用。运用缩微摄影技术存储档案信息，将档案信息记录在缩微胶卷中加以保存和利用，不仅可大大减少档案的存储空间，缓解档案库房紧张与档案数量逐年增加的矛盾，而且可以实现档案自动检索。利用档案缩微品来存储档案信息，是档案信息存储技术现代化的重要途径之一。

(2)磁带

磁带的可移动性、高容量和可靠性是其生命力长久的主要因素。磁带可以脱机保存数据；磁带存储系统在运行时甚至能够允许无人值守的数据备份和磁带管理；磁带的可靠性很高，而且容量大。磁带是信息存储的最佳选择之一。

(3)光盘技术

光存储技术，以 CD、DVD 光盘为代表的光存储方式具有记录密度高、容量大、随机存取、保存寿命长、稳定可靠、使用方便和价格便宜等一系列优点，特别适用于大数据量信息的存储和交换。光存储技术不仅能够满足信息社会海量数据存储的需要，而且能同时存储图、文、声、像等多种信息，使传统的信息记录、传输和管理方式也发生了根本性的变化。光盘与硬盘相比，虽然速度慢 2~6 倍，但光盘单位容量的存储费用比硬盘更低廉，故光盘非常适合于存储那些大容量的、用硬盘存储费用较高，而且需要在线操作的数据。

采用新技术，为档案信息的开发利用开辟了新的途径。信息理论与技术促进了档案信息获取和存储的效率与质量；文字、声音、图像等多种记录方式并存，摆脱了单纯依赖于纸和笔的局限，保证了档案信息的内容完整性；新型档案载体材料相对于传统纸质和其他载体材料有着较大的提升与发展，档案载体朝着存储容量和存储密度更大的趋势发展。

2. 网络技术

网络媒介所独具的广泛开放性和深度参与性特征，改变了传播者与受众之间的关系，人们可以通过远程登录、电子邮件、文件传输、网络论坛、网络即时通信、博客等进行即时交流沟通。而这些功能在信息传播过程中的复合使用，使信息传播的范围和影响力在极短时间内得以急速扩张，可充分满足受众对信息知识的需求。网络媒介所具有的先进技术形态，彻底地改变了人们获取信息、传播信息的方式，同时对档案信息传播与服务也产生了深刻的影响。

(1)网络媒介可极大地延伸传统档案信息传播的时间与空间

网络媒介使档案信息传播从传统的物理空间拓展到了数字空间,从面对面的实体档案信息传播走向了虚拟档案信息传播,这是技术革新所带给档案信息传播手段的根本性变革,其大大地增强和方便了档案信息部门与受众之间的联系。借助网络媒介这一互动数字平台,通过其提供的多种传播手段,如即时虚拟参考咨询、网上档案原文传递、数据库在线阅览、读者论坛等,为档案信息传播者与受众之间提供了可进行即时沟通与交流的“公共话语”的空间。这使传、受双方在档案信息传播活动中得以互动、互助,且受众满意度及其沟通指数皆可成为衡量档案信息传播服务质量的重要指标。

(2)网络媒介的多媒体性为档案信息产品收集、加工、传播提供了便捷、丰富的手段

在档案信息收集方面,通过光盘和网络途径可获取更多所需的信息;在加工程序和方法上,利用网络媒介先进的存储、检索、传输技术,并借助计算机高效率的信息处理能力,使档案信息的加工更加快捷;在传播方式上,网络传输大大提高和拓展了传播的速度与广度。运用网络媒介还极大地丰富了档案信息产品形式。传统报纸、广播、电视由于分别受其特定表现形式的束缚而只能为受众提供单一的文字、音频或视频,而通过运用网络媒介的文字处理、图像编辑、视频编辑、动画制作等软件,则可进行多媒体写作、编辑,呈现声音、图画、文字的一体性界面,再加上超链接功能的运用,使档案信息表达形式达到异常丰富的视觉效果,从而更有利于充分地调动受众的各种感官去理解和接受档案信息。

(3)网络媒介的交互性增强了传、受双方的互动交流

网络媒介所具有的交互性功能,使档案信息的传、受双方具有更强的自主性和参与性,其信息反馈的及时迅速、反馈渠道的多样性,为传播者及时了解受众需求提供了有效的技术手段。受众可以通过网页中的“用户留言”框、读者论坛、电子邮件等即时性通信工具向档案信息传播者发表自己浏览网页信息后的所思、所想、所问,只要传播者在线,即可以进行传、受双方之间的互动交流,并对受众的需求做出及时的反馈。

(四)档案信息的利用需求呈现普遍性和层次性特点

信息理论与技术使档案从埋藏的旧纸堆中走出,走在了社会信息化的前沿。在档案信息自身价值凸显的同时,社会对档案信息的需求也在不断增加。档案利用、档案编研被视同为历史研究活动。如今,历史研究活动所关注的档案信息的历史价值只是档案信息价值的一种,更为重要的是档案信息在满足不同组织、机构和个人方面需求的价值,如文化价值和经济价值。

而从档案信息利用者的角度,我们也不难发现,由于档案利用者所处的社会地位、生活环境、职业领域等不同,其档案信息利用需求的内容、领域等也会有所不同,既有层次上的区别,又有内容上的不同。

在档案信息利用活动中,需要解决某些工作中遇到的具体问题而产生档案信息利用需求的档案利用者,主要侧重于对一次档案信息的查找与利用,而需要完成某项研究工作或了解某一方面、某一地区大致情况来寻找参考依据而产生档案信息利用需求的档案利用者,则大多侧重于对二次、三次甚至多次档案信息的查找与利用。与此同时,由于不同的档案利用者存在着知识水平、职业地位、兴趣爱好、素质能力等多方面的差异,所具有的档案信息利用需求还会在千差万别、丰富多样的同时,表现出浓厚的层次性特点,即档案信息利用需求及由此而产生的档案信息利用行为,同社会发展水平、社会文明程度等具有密切的关系,即社会发展水平越完善、社会职业分工越细密、社会文明程度越进步,产生档案信息利用需求的可能性就越大,档案信息利用需求的多样性与层次性也就会越发突出地表现出来。

档案部门应该把握新的契机,以档案信息资源为基础,以档案信息资源高度共享为目标,加大档案信息资源管理的力度,整合各种类型的档案信息资源,促进档案信息资源总量增加、质量提高、结构优化;应该加强多形式、多层次共享平台的建设,推进服务机制创新,促进已公开档案信息资源的广泛利用和深度开发;应该全面提升档案信息资源开发的水平,尽快解决档案与网络环境不适应的问题,从而使档案信息在未来的信息社会中占有重要的位置。

第四章　档案开发利用的途径与方法

第一节　档案开发利用的模式和原则

一、档案开发利用的模式和原则

(一)档案机构模式

档案机构模式是指档案馆或档案室独自进行档案开发利用的活动。档案机构进行档案开发利用,以前多注重于单独进行。从早期的故宫博物院文献馆开发利用出版《文献丛编》,到今天众多档案机构的档案编研,都是档案馆(室)在从事着档案的开发利用和编研,为社会提供了大量的珍贵档案,满足了社会多样性的需求,解决了档案文献数量浩大、保存分散同人们利用要求的专题性、集中性之间的矛盾,解决了档案文献内容芜杂、形式多样同人们利用要求的科学性、系统性之间的矛盾,解决了档案文献的寿命、副本的有限性同人们利用要求的长久性、广泛性之间的矛盾。

改革开放以来,我国各级档案部门积极开展档案编研工作,在深入发掘馆藏档案资源的基础上,广泛收集社会资料,采取多种形式,编辑出版了大量的文献资料,在存史资政、发展经济、领导决策、学术研究,对社会公众进行爱国主义、革命传统、思想道德教育,以及丰富人民群众文化生活等方面做出了很大贡献。

(二)非档案机构模式

非档案机构模式则意味着社会人士和机构单独进行档案开发利用活动。在进行档案开发利用的时候,除了档案机构积极开展以外,社会人士和机构也完全可以从事此类活动。

(三)联合模式

除了以上档案机构模式和非档案机构模式两种外,还有第三种模式,即联合模式。

联合模式是指档案机构和非档案机构相互合作，一起对档案进行开发利用。档案机构保管有大量的档案，而社会人士和机构又可以从他们的视角选题，双方进行合作，相互配合，互相支持，共同完成对某一类或某些档案的开发和编研。

二、档案开发利用的原则

（一）统筹原则

档案开发利用是一项系统工程，需要统筹考虑，不能只抓某一方面。就档案资源而言，档案开发利用的时候需要通盘考虑，首先应该了解馆藏，并能一检而获，如果不能及时查找到相关的档案和信息，就会影响下一步的工作。其次应该对档案进行鉴别，需要从大量档案中挑选出合适的部分来进行开发利用。

对于档案开发利用的过程而言，需要人、财、物统筹规划，需要由什么人来从事这项工作，需要多少资金和设备，都要明确。因此，统筹原则意味着档案开发利用需要有一个好的规划，全盘考虑，不仅事先有计划，而且还要随着进度的发展，能不断调整目标和现实状况。只有遵守统筹原则，将档案开发利用看作一项系统工程，有的放矢，才能取得更大的成绩。

（二）优势原则

在进行档案开发利用过程中，无论采用哪种模式，开发利用的主体都需要发挥出各自的优势和长处，同时需要发挥出开发利用客体的优势。

从主体角度来看，参与档案开发利用者需要积极发挥各自的优势，档案机构工作人员对档案的存放和内容较为熟悉，所以他们可以在档案的收集、整理和选择过程中发挥出更大的作用。至于编辑人员和影视人员，则可以利用自己的专业知识，对档案开发利用进行编辑和拍摄，从而更好地展示出开发利用的效果。而历史研究者和相关专业人士，则可以对档案进行深层次的研究和发掘，鉴辨真伪，并判定其价值，从而确定其是否会在开发利用中起到作用。

在档案开发利用过程中，尤其需要发挥出档案的价值。存真求实的精神不能放弃，需要用档案来证明历史，尽可能地再现过去的场景和事件。开发利用过程中的收集和选择必须确保档案是真实的，并且是系统的，能完整地彰显一系列的社会实践活动。档案开发利用可以运用相关的图书资料来作为参考，但必须发挥出档案的优势。只有确保档案在开发利用过程中的优势，才是档案开发利用的基础和前提。

（三）慎重原则

档案开发利用是一项系统的工程和活动，涉及的人、财和物很多，并且开发利用后的传播加速了这项工作的公开性，所以档案开发利用需要遵守慎重原则。一是选题要慎重，二是材料选择要慎重，三是出版发行要慎重，四是判定开发利用活动要慎重。如制发证明，需要慎重，不能轻易判定，只能根据档案判定涉及什么内容；至于编研过程，需要述而不作，材料处理要得当，不应将编者的态度和观点强加于读者和观众，需要让大家从开发利用后的成绩中明晓。档案开发利用是对档案进行的再次加工和处理，这项工作应当慎重，而不能轻易出手，需要有认真的规划和相应的配合才能开始。

（四）服务原则

档案管理固然是对档案资源进行管理的工作，但这项工作更是一种服务性的工作，不仅要服务于政治，而且还要服务于大众，因此，档案管理实际上是给社会提供档案服务的一项工作。档案开发利用工作更是需要明确服务原则。

档案开发利用工作具有明显的服务性，如何开发，面向谁开发，需要有导向性，按照需求导向来进行开发和服务。如果是送给领导的内部材料，就要内容翔实、言简意赅；如果是给大众看的读物，则要去掉文绉绉的腔调，用大众能接受的风格来开发。此外，档案开发利用是服务于现实，还是服务于未来，要统筹兼顾。为用户着想，积极提供档案服务和档案编研成果服务，是档案开发利用的出发点和着眼点。

（五）效益原则

档案的开发利用需要讲究投入产出，所以档案开发利用需要遵循效益原则。档案开发利用要讲究效益，不仅要考虑经济效益，更要注重社会效益，不断追求文化效益和学术效益。档案的开发利用更要兼顾现实效益和长远效益、局部利益和整体利益。现实的经济利益是很多人看重的，但长期和未来的文化和社会效益更要考虑，不能目光短浅，要有长久的考虑和打算，档案开发利用要立足于现在和未来，把握好当下和将来的需求。

档案开发利用固然投入资金和人力，需要考虑经济回报，所以要考虑市场情况，例如，开发产品的销售和认可程度如何影响档案开发利用的下一步进程，因此，考虑经济效益是应当的。但是档案管理属于文化性质的工作，档案开发利用是更进一步的文化活动，所以要考虑文化效益和社会效益。

第二节　档案开发利用的途径和方式

档案开发利用需要通过一定的途径和方式才能实现，所以采用什么样的途径和方法，会对档案的开发利用有着重要的影响。档案开发利用的途径和方式可以分为两大类：一类是简单的档案开发利用途径和方式；另一类则是复杂的档案开发利用途径和方式。

一、简单的档案开发利用途径和方式

简单的档案开发利用途径和方式，主要是指以直接向用户提供档案来满足其需求的工作形式。这些途径和方式，是档案部门为达到迅速、准确、全面、及时地满足档案用户需要而采取的各种服务方式、程序和手段。具体来讲，需要通过提供原件或复制件来满足用户的各种各样的需求。所采用的途径和方式，有以下诸多方面。

（一）档案阅览服务

档案阅览服务，是指档案馆、档案室在特定的场所开辟阅览室，向有关档案用户提供档案信息的一种服务方式。它是目前国家档案收藏部门提供档案信息服务的一种主要形式。档案阅览服务的具体活动内容和程序如下。

1. 档案收藏部门要开辟档案阅览室

档案收藏部门要开辟档案阅览室，即在档案馆（室）内设置专供查寻、使用档案与资料的场所。

2. 档案收藏部门要为用户提供必要的阅览条件

档案收藏部门要为用户提供必要的阅览条件，包括人员条件、物质条件和制度条件等。人员条件，是指在阅览室里应配有熟悉馆（室）藏、了解有关专业知识或历史知识、业务能力强、工作热情的档案工作人员。物质条件，是指在阅览室内应装备必要的物质设施，并为档案用户准备诸如检索工具、工具书、参考资料等常用的参考或查询材料。制度条件，是指建立与健全旨在维护国家档案完整和安全的有关阅览规则及制度。对接待对象、阅览范围、阅览要求与手续，以及其他相关事项，都应做出较明确的规定。

3. 接待档案用户，解答档案用户提出的相关问题

接待工作是一项业务性、政策性和艺术性较强的服务工作。它要求负责接待的档案人员认真、负责地进行此种活动。做好接待工作应深入了解用户需要，积极满足用户的合理利用需求，耐心讲明不能向用户提供有关档案文件的原因，切实帮助用户准确地表达其利用需要，确定查阅档案与资料的范围，为档案用户提供较为完整、系统的档案信息材料。由于保密和保护的需要或因馆（室）藏的局限等原因，暂时不能向档案用户提供的档案文件与资料，有关接待人员要向档案用户解释清楚不能向其提供使用的原因。

4. 通过有效方式满足档案用户需要

在清楚地了解档案用户需求后，档案阅览室的接待人员，就可以选择恰当的方式来满足其利用需要。应首先考虑采用档案复本或复制件、参考资料及档案编纂成果等形式，满足档案用户的需要，以便最大限度地保证档案原件的物质安全。如若没有复本与资料可利用，也可以提供档案原件，直接满足用户需要。国内外档案部门的利用实践经

验表明，为档案用户提供阅览服务，主要具有下述优点和特征。

（1）同档案本身的属性相适应

作为人类社会活动原始历史记录的档案，多数是单份文件或孤本文件，而且某些文件作为档案保存起来后，仍然具有一定的机密性。因此，为了在较短的时间内满足若干个档案用户对同一份档案的利用需求，并且有效地维护国家机密，开辟阅览室，为用户提供阅览服务，就成为一种较好的服务方式。档案在阅览室被利用时，还能得到档案人员的监护，更有利于保护档案文件的物质安全，防止遗失、损毁档案的事件发生。

（2）同档案用户的利用需要相适应

广大档案用户一般希望在一个较好的环境条件下利用档案，希望在遇到难题或困难时，得到有效的咨询服务。在档案阅览室中，档案用户不但可随时调阅所需的档案材料，也可以得到必要的参考资料及工具书，还可以得到接待人员的咨询服务。因此，档案阅览室可谓档案用户实现其利用需求的理想场所之一。

档案收藏单位，在开展档案阅览服务时，为了保护档案，维护档案内容的政治安全，档案馆（室）应规定档案用户不得借阅与其利用范围无关的档案；对于已经脆化、缺损的易毁档案和特别珍贵的档案，档案馆（室）一般只能向用户提供复制件；一些尚未整理编目的零散档案文件，一般不予借阅，倘若出于特殊利用需要时，也可借阅，但必须逐件登记。档案用户必须承担保护档案的义务，爱护所查阅的档案，不得在档案上做标记，禁止涂改档案文件。严禁档案用户在阅览室内吸烟、喝水，使用可能污损档案的笔。档案用户不得将档案原件及其复制品等带出阅览室，阅毕的档案应及时归还，接待人员要认真清点，履行归还手续。如若发现有关的档案文件遭到污损、涂改、遗失或出现其他异常现象或问题，档案人员应立即采取措施，予以妥善处理。

（二）档案外借服务

档案外借服务，是指档案馆（室）为满足某些需要档案原件或副本作为证据等特殊的利用需求，暂时将档案借出馆（室）外使用的一种服务方式。在档案馆，档案一般是不借出馆外利用的。机关档案室将档案原件外借给本单位的领导和有关业务部门的情况比较多，如认为必要，档案室还可采取“送卷上门”的主动服务方式，充分发挥档案的作用。在档案馆提供利用活动中，那些珍贵的或易损的文件、古老文件及特殊载体的档案文件，一般不能借出馆外使用。

1. 档案外借服务必须建立、健全制度

只有当档案用户，特别是党政领导机关或司法机关必须以档案原件作为证据的特殊情况下，才可将档案原件借出馆（室）外使用；外借档案的时间不宜过长，以免遗失、失密与泄密；借出档案时，应履行严格的交接手续，并查明外借档案文件的份数及状况；外借档案的数量应予以控制，一次借出馆（室）外的档案数量不宜过多，以免影响其他档案用户的查阅使用；档案借出后，应填制代卷卡（单），放置在档案原来的位置上，以便掌握档案的流动和利用情况;归还档案时,档案人员必须认真清点,并在借阅登记簿上注销,如果发现外借档案被污损、拆散、撕破、抽换、散失等,则应及时向有关领导或主管部门汇报,以求妥善处理。

2. 档案部门应做好外借档案的登记工作

外借档案的登记工作,可以督促档案用户填写清楚档案借阅单,并做好外借档案登记簿的记录工作,登记与记录的内容一般包括案卷题名、档号、页(件)数、密级、借阅日期、归还日期、用户所在单位名称及借阅人姓名、归还签收人等。开展此项工作的目的,在于掌握有关档案用户借阅了哪些档案及副本,了解有关外借档案的去向,控制档案的归还时间,明确借阅使用档案的责任。

3. 为了确保外借档案的按时归还,档案馆(室)还应建立催还制度

对外借档案到期不归还者,档案馆(室)不可坐等,而应及时向有关档案用户催还。催还的主要目的,在于减少档案原件在同一用户手中的滞留时间,防止影响其他档案用户的查用,提高档案的利用率,避免档案因外借时间过长而出现损坏、散失、失密等问题。对个别的档案用户,如确系工作或生产需要,不能按时归还者,经过批准则应办理续借手续。

(三)档案展览与陈列服务

档案展览与陈列服务,是指档案收藏部门按照一定的主题,以展出档案原件或其复制品的方式,系统地揭示和介绍档案馆(室)藏中有关档案的内容与成分的一种具体服务方式。

举办档案展览与陈列的工作内容主要包括确定展览或陈列的主题(专题);选择合适的展出方式;确定展品及展览(陈列)的艺术形式;展览与陈列的组织方式;展览与陈列的服务对象的确定;记录与分析展览、陈列的实际效果。此外,在举办档案展览与陈列期间,应当加强对展出原件的安全保护,编写的说明文字要具有思想性、政治性及科学性。

档案部门举办的档案展览形式,一般有两种:第一种是长期性的档案展览。这种展览通常是在档案馆内设立长期的、较固定的展厅(室),全面系统地陈列馆藏中反映国家、民族或一个地区及档案馆自身发展情况的档案文件或复制件。它可以使档案用户充分认识到档案与档案工作的意义。第二种是短期档案展览。这种展览是档案馆根据有关工作的需要,举办的反映某类档案价值(如明清档案、民国档案、革命历史档案等)、有关事件专题或人物的档案内容和成分。档案展览,如依据参展的档案文献的内容来划分,可分为综合性的与专题性的档案展览;根据展出的地点及方式,可分为固定式的与巡回式的档案展览。各单位可根据举办展览的目的与要求,选择恰当的展览活动形式。

档案展览与陈列的性质主要表现在以下几个方面。

1. 翔实性

翔实性要求举办展览者必须认真地围绕展览或陈列的主题或专题挑选展出材料，争取用数量较少、内容充分的展品，说明和体现出档案展览与陈列的主题（专题）。在挑选展品的工作中，可以采用“博采而约取”的办法，去粗取精，严格筛选入展的档案文件与复制品，绝不可“兼容并包”，简单从事。

2. 思想性

作为一种社会文化活动形式，档案展览与陈列必须与国家的制度、体制、条件相适应，具有正确的政治思想性。档案展览与陈列的基本指导思想是促进档案信息资源的开发利用，充分发挥档案在社会主义经济、文化、政治建设中的积极作用。

3. 艺术性

只有在良好的形式辉映下，档案展览的内容才能更具吸引力并收到良好的服务效果。档案展览与陈列的设计布局，应当与其宗旨、展品内容相一致，该严肃的严肃，该活泼的活泼。档案展览与陈列的艺术性主要表现在展品的合理布局、色彩的协调搭配、文字字体的科学选择等方面。此外，档案展览的讲解与说明，应讲求艺术性，切忌刻板、生硬。

4. 现实性

举办档案展览与陈列活动，必须与社会的经济、文化、政治等相适应，与用户的需要相一致，与宣传档案和档案工作的价值相适应。那种脱离实际，不顾档案用户需要，盲目举办的档案展览与陈列，是注定会失败的。

档案展览与陈列的作用是，档案展览与陈列本身就是提供档案信息的现场，档案用户从中可以获得较为集中系统的档案信息内容与线索，甚至发现从未见过的、难得的珍贵史料信息；机关和档案馆能在一定范围内组织较多的用户参观，服务面较广泛；经过精心选择和组织展出的有代表性的、典型的档案信息材料，能够以其原始性、真实性和形象鲜明见长，给参观者留下深刻的印象，起到生动的宣传教育作用；档案展览与陈列可以展示档案馆（室）藏档案内容之丰富及档案的特殊作用，引起人们的注意和兴趣，从而宣传了国家建设和发展档案事业的必要性。

（四）制发档案副本服务

制发档案副本服务，是指档案馆（室）根据档案用户的合理需要，以档案原件或已有的档案副本为依据，通过复制（包括静电复印、拍照、晒印、摹写、抄录等）、摘录等手段，向档案用户提供档案复制品的一种服务方式。

制发档案副本，作为目前机关、企事业单位和档案馆满足档案用户需求的一种有效方式，其突出优点和特点如下。

1. 速度快，准确度高

由于各种现代化复制设备的应用，档案馆（室）一般均可在较短的时间内，为档案用户提供制发档案副本的服务。同时,因为所制发的档案副本多数都保持了档案原件的结构、内容和其他特征,所以具有令人信服的准确性。

2. 机动灵活,不受时空限制

档案用户不到档案馆(室),就可以获得所需的档案复制品,这不仅方便了用户,也为统一利用档案信息资源创造了方便条件。档案馆(室)可在同一时间里,满足较多档案用户对同一档案文件的利用需求,充分实现档案的利用价值。

3. 有利于档案原件的保护和长远留传

由于档案部门提供给档案用户的是档案复制品,有效地减少了档案原件的使用次数,降低了各种不利因素对档案原件侵害的程度,所以,为档案原件的长远留存创造了有利条件。

制发档案复制品的方式也有其局限性,表现为不能直接用这种服务方式满足那些需用档案原件作为证据的用户需要;印发的档案复制本不容易控制,有被辗转翻印或公布的可能性,不利于某些档案信息内容的保密。

制发档案复制品时,对复制珍贵及易损档案应严格控制;复制应履行一定的审批手续;复制后应对照原件认真校对;必要时还应注明档案复制件的出处,并加盖档案馆(室)的印章。此外,档案馆(室)应对制发复制本的范围、审批权限等做出明确规定。

(五)制发档案证明服务

档案证明,是指档案馆(室)根据有关档案用户的询问和申请,为核查某种事实在馆(室)藏档案中记载情况(有无记载和如何记载)而摘抄编写的一种书面证明材料。制发档案证明,是档案收藏部门开展档案提供利用服务的方式之一。

档案利用工作实践表明,有些机关、团体和公民,为了解决、处理或研究实际工作中的某些问题,常常需要档案收藏部门为之提供有关的档案信息,以便证实和核查有关事项在档案中的原始记录情况。在这种情况下,档案部门就可以依据档案用户的合法申请或询问,为他们提供制发档案证明服务。例如,为公民提供有关学历、参加工作时间、工资级别、职别(称)、财产等方面的书面证明材料;为司法部门审理有关案件,提供相关的档案证明材料等。

制发档案证明,是一种政治性、政策性很强的服务方式。档案部门应根据有关用户的合理申请或询问来编写档案证明;制发档案证明必须根据可靠的档案原件或副本、抄本来编写,如若没有文件的正本、副本或抄本,也可以考虑采用文件的草稿、草案、草图来编写;在档案证明上应注明有关材料的出处及编写方法;档案证明的内容范围必须确定,不应超出经过审核的证明范围而列入其他材料;档案证明的文字必须准确、明了;档案部门对初步编写后的档案证明,必须进行认真的校核,并在确认无误后,加盖公章发出使用。

档案馆(室)不是国家的公证机关,它们不能代替其他国家机关的职能。档案馆

(室)所制发的档案证明,仅仅是向有关档案用户(机关或个人)证明某种事实在馆藏或室藏档案中有无记载及其记载情况,而不是直接对某种事实下结论或给予档案用户以某种权利。因而,在制发档案证明时,要以引述和节录档案原文为主要编写方法,如果需要由档案人员依据档案原文内容进行综合或摘要叙述时,应保证表述准确、真实、客观。档案人员不能根据自己的主观认识,擅自对档案原文内容进行解释。在实际工作中,如发现档案文件的原文在内容方面互有矛盾时,档案人员应当把几种不同的档案信息内容一并列入档案证明,以供档案用户分析、参考和研究。对档案原文中所出现的个别难于理解的词语或事件,档案人员也可进行必要的注释或说明。

(六)档案目录信息服务

档案目录是联系档案用户与档案馆(室)的一种重要桥梁。档案用户只有借助于一定的档案目录信息,才能顺利地实现其利用需要。由于档案信息的特殊属性,许多收藏在档案馆、档案室的档案文件的信息内容和成分,档案用户知之甚少或知之不详。因此,档案收藏部门必须采取一定的服务方式,消除档案用户的需求障碍,促进其利用需求的产生与实现。实践表明,印发、出版、交换档案目录(索引、指南),是一种有效地解决问题,提高库藏档案文件利用率的服务方式。

在机关、企事业单位内部,档案室可以将与本单位的工作、生产或科研等项活动相关的档案目录,主动印发给有关的领导、业务部门。这种服务,使他们能够及时地了解可利用的档案信息状况,以便有效地减少不必要的重复劳动,节约工时、人力和财力。

在档案馆工作时,档案工作人员亦可在了解社会利用需求的特点、发展趋势的基础上,有计划地出版档案目录、索引、指南等档案信息材料,有效地帮助档案用户了解馆藏档案信息资料状况,引导档案用户顺利地查找档案。

(七)档案咨询服务

档案咨询服务,是档案馆(室)满足档案用户需求的一种经常性的、重要的服务方式。

1. 档案咨询服务的基本内容与种类

档案收藏部门的咨询服务工作主要有以下内容。

(1)准备咨询条件

档案馆(室)应当选配政治素质较高、熟悉馆藏和档案业务、知识面较广的工作人员充任档案咨询员。在物质方面应有丰富的馆藏,以及较完备的档案检索工具、参考资料、阅览及通信设施,为开展咨询工作提供良好的条件。

(2)开展日常的咨询活动

日常咨询活动的具体工作内容主要有向档案用户传授档案文献知识、档案工作知识;帮助用户熟悉和了解与其利用需求相关的馆(室)藏档案与资料情况;协助、辅导档案用户了解和使用档案开放目录；向用户推荐和介绍有关的档案编研成果、工具书；向用户宣传新开放的档案情况及其他有助于用户需求实现的档案信息线索；解答用户提出的有关档案文献内容、档案工作机构、利用制度、检索工具使用方法、档案部门服务方式等一般性询问。各级各类档案馆（室）还应当互通信息和情报，以便给档案用户提供更全面的服务，主动为用户提供其他收藏单位的情况。

(3)开展特殊的咨询服务活动

档案馆（室）在某些情况下，根据档案用户的要求，开展定题咨询和跟踪咨询服务。定题咨询服务，是档案馆（室）依据用户的利用需要，在了解其利用档案信息的专题范围的基础上，有计划地为档案用户搜集相关题目的档案文献情报，编辑档案参考资料，主动协助档案用户实现其利用需求的一种特殊服务方式。跟踪咨询服务，是指档案馆（室）在初步满足档案用户利用需求之后，继续为用户搜集相关的档案信息线索，主动为之提供新的情报信息的一种服务方式。

档案咨询的种类可从如下角度进行划分。

①按内容性质划分

按内容性质，可将档案咨询划分为事实性咨询、指导性咨询与检索性咨询。

事实性咨询，是指档案馆（室）解答档案用户关于特定的事项或数据的询问。在开展档案咨询服务过程中，经常会有些用户提出关于特定事件、会议、人物、文件的相关事实与数据的询问。有效地解答档案用户提出的这些问题，是衡量咨询服务质量好坏的尺度之一。

指导性咨询，是指档案馆（室）对用户在查阅档案与资料时发生的疑难问题进行指导服务。指导档案用户掌握查找所需档案资料的方法，了解和把握各种档案检索工具的特点及使用方式；解答档案用户在使用档案文件过程中出现的历史知识等方面的询问。

检索性咨询，是指档案部门根据有关档案用户的利用需求，对已经确定的工作、科研或生产等项活动，主动地提供有计划、有组织的档案情报（包括相关的事实、数据、目录信息等）咨询服务。这种咨询不要求咨询人员对档案文件进行分析、研究，而只需他们根据库藏档案及资料上已有的事实或数据记录情况与他们确知的客观事实，回答档案用户的询问。

②按档案咨询的难易程度划分

按档案咨询的难易程度，可将其划分为一般性咨询和专门性咨询。

一般性咨询，是指档案收藏部门，针对档案用户提出的关于档案馆（室）基本情况、档案利用的章则制度、库藏档案的种类及内容成分等方面的询问所进行的一般性解答服务。

专门性咨询，是指档案收藏部门根据对有关档案文件的分析研究结果，解答档案用户关于特定档案文件的研究价值、文件中记载的事实或数据的真实性与可靠性、文件中某些术语的含义及有关专题档案文件的范围等方面的询问。

③按档案咨询的形式划分

按档案咨询的形式,可将其划分为口头咨询和书面咨询。

口头咨询,是指档案收藏部门以口头解答或电话答复等方式回答档案用户在查阅、使用档案文件活动中的有关难题的一种咨询服务。

书面咨询,是指档案收藏部门以正式的书面材料形式,解答档案用户提出的有关档案、档案目录、档案机构等方面的询问。

在实际工作中,只有将各种咨询服务的形式有机地结合起来,才能有效地开展这项服务工作,及时解答档案用户提出的相关问题。

2. 档案咨询服务的特点

(1)被动性与主动性

档案部门的绝大多数咨询活动是由档案用户提出询问或要求后进行的,从这个意义上说,档案咨询服务具有一定的被动性。但是,档案部门在某些情况下,也主动地了解用户所面临的工作、生产、科研等方面的问题,从而主动激发和引导档案用户开发、利用有关的档案信息资源,开展主动服务,解答用户在利用实践中提出的各种询问。因此,档案咨询是一种集主动性与被动性于一体的服务活动。

(2)针对性与及时性

档案咨询通常是由用户提问或要求后进行的。它要求档案咨询人员必须准确地把握用户询问的确切内容与实质,并协助用户实现其利用需求,具有较明显的针对性。档案用户的利用需求是与现实的科技、生产或工作活动任务及公民个人的现实问题相关联的,在他们提出有关问题的询问后,往往希望档案部门能给予迅速的解答,协助他们准时地解决各种难题。及时性的服务,是决定档案咨询成败的关键因素之一。

(3)科学性与政治性

档案咨询是一种科学性较强的服务活动。一方面,档案咨询服务的程序设计应当周密稳妥、积极缜密;另一方面,档案咨询工作人员,在满足用户询问要求时,应当讲究工作方法,善于总结工作经验,揭示咨询活动的规律与特点,掌握咨询活动的基本动向,形成较合理的咨询理论,指导咨询服务工作的顺利进行。

3. 档案咨询服务的步骤

(1)接受用户咨询

档案部门要先审查核实档案用户询问有关问题的目的、内容、范围及需要解答问题的程度,以便选择咨询服务的具体方式和途径。在审核用户咨询问题及要求时,要弄清本档案馆(室)有无解答询问的档案材料和承担咨询任务的能力。凡尚未搞清楚的咨询问题,不可贸然解答,而应当进一步询问清楚,以免出现无效劳动或答非所问等现象。对比较复杂的用户咨询,档案馆(室)不能即刻解答的,可让用户先填写《档案咨询登记表》,注明咨询的题目、咨询内容等事项,以便在分析、研究后,酌情处理并予以答复。

(2)分析用户咨询问题

接受用户咨询后,要进行较为深入细致的分析、研究,确定查找档案文件的步骤,做好查找档案文件的相关准备工作。在接受了较大型的档案咨询题目后,档案馆(室)的咨询工作人员和有关的专业工作者还应共同分析研究,协作制定切实可行的工作方案,以便使咨询服务活动有计划地科学进行。

(3)帮助用户查找档案文件

根据档案咨询问题的分析研究结果,确定查找档案文件的范围,选定档案检索工具,明确解决问题的方法和途径,并据实查找有关的档案文献。

(4)答复用户咨询

答复用户咨询的方法和形式主要有为档案用户直接提供有关咨询问题的答案,如按用户要求提供有关事实、数据,介绍检索工具的使用方法;为档案用户提供相关档案的信息线索,如文件的责任者、形成时间、档号、文件字号;对于无法确定准确答案的咨询问题,也可以为档案用户提供选择性的答案或档案资料,由用户决定取舍等。

(5)建立咨询档案

对已经答复的或未能答复的咨询问题,档案部门应当有目的地建立相应的咨询档案。凡是具有长远的、重要保存价值的,或者今后有可能重复出现的,以及未能解答的咨询问题材料,包括各种咨询服务记录、反映解答咨询问题过程及其结果的材料等,均应归档保存。档案工作实践表明,建立咨询档案,对历史上的咨询工作情况进行考察,总结实际工作经验,发现与探索档案咨询服务工作的特点与规律等,均具有重要作用。

二、复杂的档案开发利用途径和方式

以上诸多途径和方式都是基于档案管理的基础上来开展的,是一种简单的开发利用。除了这些形式,档案开发利用者还可以通过复杂的手段和方法来满足更多人的档案需求,甚至超越时空的限制。这些途径和方式就是在档案编研基础上,提供编研成果,来满足社会上更多的需求。具体来讲,有以下几方面。

(一)档案史料和现行文件汇编

这项工作通常称为档案文献编纂,即按照一定的作者、专题、时间或文种等特征,把档案文件选编成册,在一定的范围使用或公开出版。例如,各种专题的档案史料汇编、现行机关的重要文件汇编、政策法规汇编等,将档案原文集中汇编成册。虽然改变了档案文献的存在形式,如经出版,档案还转化为图书,但是由于汇编中档案文献的内容与档案原文相同,所以仍然可以看作档案一次文献。根据汇编内档案内容、材料成分及详略程度的不同,编研成果可采用不同的题名,如汇编、丛编、丛刊、辑录、选编、选集等。

档案文献汇编的主要特点如下。

（1）原始性。汇编所纂辑的都是档案原件，而不是任何档案的加工品。

（2）系统性。每一部汇编都围绕一个主题，内容互有联系，编排有序并具有逻辑性。

（3）易读性。在汇编过程中，通过对档案文件的标点与分段，对错字和残缺文字的校正和恢复，对档案文件上批语、标记、行款格式的处理等文字加工，可以使读者更加易于阅读档案的内容；通过对档案文件的编排可以进一步揭示其中的历史联系；通过备考、注释、按语、年表、插图、目录、索引，以及序言、凡例等的撰写和编制，可以帮助读者理解有关专题档案的内容、历史背景及其价值，便于读者查找汇编内的档案文件。

（二）编辑档案文摘汇编

档案文摘是对档案原文的缩写，它以简练的文字概要地揭示档案文件的主要内容，是一种档案二次文献。档案文摘可以作为一种检索工具编制和使用，如档案著录中的提要项，实际上就是档案文摘的一种形式，它在著录条目中起到介绍、报道档案文件内容的作用，可为利用者提供较为具体的查找线索。根据一定的专题或采用定期的方式将档案文摘汇集起来加以公布，又是档案编研的一项内容，与档案文献汇编相比，在编辑方法和报道功能上它具有较为灵活、简便、及时等特点。

（三）编写档案参考资料

档案参考资料是根据档案内容加工编写的一种书面材料，如大事记、组织沿革、专题概要、会议简介、统计数字汇编等。它所提供给利用者的不是档案原件或复制件（即一次文献），而是对档案内容经过研究、综合而加工编写成的作品（即三次文献）；它也不同于旨在阐述学术观点的论文著作，而是根据一定的题目，采用特定的体裁向利用者系统介绍档案内容的一种参考性资料。

（四）编史修志

以馆藏档案为基础，参加历史研究和编史修志。如协助或参与史志编修工作，进行与馆藏内容相关题目的历史研究，撰写专门文章和著作等。

（五）电视文献纪录片

随着改革开放的深入和电视传媒艺术的发展，电视文献纪录片已成为当代人们对历史进行观察和思考的一扇窗户，被喻为“生活的真实，历史的实录”，从而备受人们的青睐。它对档案开发利用活动来说，无疑是赋予了新的生命和内涵。20 世纪末，电视文献纪录片取得的累累硕果，既是档案开发利用史上的一道绚丽晚霞，也是新世纪的一缕曙光。

电视文献纪录片这一极具时代特色的档案文献出版的出现，以其憾人的魅力和磅礴气势，给 20 世纪 90 年代档案文献开发利用活动的繁荣与辉煌增添了浓墨重彩的一笔。

我们盼望着在新的世纪中有更多、更好的电视文献纪录片作品问世，也期盼着档案部门在纪录片的制作和编纂研究上能做出更为卓越的成绩。

（六）网络传播

随着信息时代的发展，网络已走进人们的生活和工作。档案事业需要与时俱进，档案的开发利用也需通过网络来实现某些活动。网络传播为档案开发利用提供了更为广阔的舞台，将是大有作为的领域。

由此可见，网络出版与传播是档案开发利用的重要途径和方式。档案开发利用需要积极运用这一手段，把档案开发利用活动引向纵深。

第三节　档案开发利用的步骤

一、档案的初期整理

档案开发利用是以档案资源为基础的，只有发挥出档案的优势，才能做好这项工作。而档案资源的开发和利用需要以档案的整理为基础，所以档案开发利用的第一个步骤就是实现档案的有序化，将凌乱的大量的档案赋予规范的秩序，使以后的提供利用和编研活动更加顺利。

档案开发利用的第一个步骤是将无序档案的秩序化，其实质就是档案的整理，具体而言，就是两项内容，即档案著录和档案标引。通过这两项工作的进行，使档案得以加工和处理，能使收集和征集到的档案逐渐规范。

（一）档案著录

档案著录是指在编制档案目录时，对档案的内容和形式特征进行分析、选择和记录的过程。所谓内容特征，就是对档案主题的揭示，表现为档案的分类号、主题词、提要等记录项；所谓形式特征，包括档案的标题、作者、形成时间、地点、档号、文种和载体等。档案著录具有登记、介绍、报道、交流和检索的作用，所以档案著录是获取档案中所含信息的主要途径，是编制检索工具乃至建立数据库的基础，著录的好坏直接影响档案检索的质量。

档案著录需要遵照《档案著录规则》，对档案的著录项目进行采用一定的标示符号进行格式化的工作，著录的结果是形成了大量的条目，这些条目是按照一定的方法，将反映单份文件或案卷的内容和形式特征的著录项目组成一条记录，而这些条目按照一定的体系和方法排列起来，就是档案目录。

（二）档案标引

在档案著录过程中对档案内容进行分析和选择，并赋予其规范化检索标志的过程，称之为档案标引。档案标引分为主题标引和分类标引两类，其中赋予分类号标志的过程称之为分类标引，而赋予主题词标志的过程则称之为主题标引。档案标引的目的是揭示档案的主题内容，为从内容方面查找档案提供检索途径。

档案标引具体是由主题分析和概念转换两个方面来实现的。通过对档案内容进行分析，明确档案的主要内容，然后用检索语言将其充分、准确、简明地表达出来。档案标引需要按照《中国档案分类法》和《档案分类标引规则》来进行，并且需要考虑标引的网罗度、专指度和一致度。

通过档案著录和档案标引这两项工作，形成了众多的档案检索工具，架起了档案和开发利用者之间的桥梁，提供了极大的便利，是档案开发利用过程中不可缺少的步骤。随着电子文件管理的发展，档案著录和标引可能会发生某些变化，但这个步骤将会继续发挥出应有的作用。至于具体如何著录和标引，《档案管理学》中有诸多的介绍，在此不再赘述。

二、档案的编研步骤

档案的第一次整理完成之后，可以开展一些开发利用提供工作，特别是档案提供。而对于深层次的档案开发利用来讲，则需要做进一步的工作，档案的第二次整理应运而生。

档案开发利用主体根据一定的专题计划，对有关档案进行查选，进而加以考订、加工等一系列编辑工作，以保证开发利用公布档案文献的全面性、系统性和科学性，是谓对档案的第二次整理。与某一专题相关的档案，往往保存在全国各地的档案馆（室）内，即使保存在同一个档案馆（室），也往往分藏于不同的全宗案卷内，读者若要利用某一专题的档案，难免饱受搜寻之苦。如果少数开发利用者花费一定精力，对档案进行第二次整理，即对某一专题及相关档案进行深入细致的研究，经过编者严格的筛选，汇编成档案文献出版物，读者就不用到档案馆（室）去查阅档案原件，便可以方便地知道档案内容，这就是档案文献开发利用的最大优越性。

第二次整理必须在第一次整理的基础上才能完成，只有第一次整理工作做得合格，第二次整理才有保障。同时，第二次整理工作又是档案整理的高级阶段，它反过来又可以检查和促进第一次整理工作。在开发利用的查选档案阶段可以发现档案在第一次整理工作中，收集、分类、立卷、编目等有无不妥之处。社会越进步，对第二次整理工作的要求越高、越强烈，也就促进整理工作愈发达，自古皆然。第二次整理工作体现着档案整理工作的发展方向。对档案的第二次整理是对档案信息的整理,对档案的第二次整理要按照社会利用档案信息的客观规律,将价值较高的档案信息从档案实体中抽出来,经过编者科学地再加工,生产出档案文献信息产品,即档案文献出版物,送到社会上进行传播。因此,无论是档案的第一次整理,抑或第二次整理,目的都是为了方便读者利用档案,有利于保护档案原件,更有效地开发利用档案信息资源。

针对档案的第二次整理,需要有众多的步骤来实现,包括档案开发利用的选题、查找、选材和加工等项工作。档案编研成果中的辅文撰写非常重要,不论是评述性的注释、按语和语言,还是查考性的年表、插图、备考和编辑说明,或者是检索性的目录与索引,都需要有较高水平的人士才能胜任。但这里重点讲述档案开发利用的步骤,辅文撰写就不予叙述了。

(一)档案开发利用的选题

社会上对档案的需求是多方位、多层次的,而各级档案部门保存的档案,并非都有开发利用的可能和价值,也有相当一部分档案的开发利用,受各档案部门编辑力量的制约而不能进行,因此,必须在开发利用工作全面展开之前,要切实根据社会需要、档案的质量和数量,以及开发者状况,在《中华人民共和国档案法》允许的范围内,选择和确定开发利用的题目,是谓开发利用的选题,这是档案开发利用工作的首要环节。

任何开发者选择和确定档案开发利用的题目,皆不能凭自己的主观意愿或个人好恶,他必然要受到一些条件和因素的制约与影响。开发者应将这些条件和因素作为自己开发利用选题的依据,在此基础上,深思熟虑,权衡利弊,才能选定出既切实可行,又能产生综合效益的开发利用题目。决定开发利用题目的依据主要有物质因素、社会因素和主观因素。具体来说,物质因素又包括档案的数量、质量及其保管状况;而社会因素则是涉及实际工作的需要、学术研究的需要及其他方面的综合考虑;主观因素是要考虑参与开发者的具体状况,他们的知识结构、业务水平、专业特长、人员数量和承受能力等。人的因素实际上制约着档案开发利用的发展,因此,开发者需要尽量选择熟悉的专题作为开发利用的题目,同时要与有关专家进行合作,当然,开发利用之前的研究工作是不能缺乏的。

档案开发利用选题还需要遵守一些原则,这些原则不仅优化了所选择的题目,而且还保证了该选题工作的顺利进行及开发利用成果的质量。这些原则具体如下。

1. 选题应“大而全”

选题应“大而全”,是指所选题目包含的内容应该广泛,要有“大手笔”的气势,确定的题目要给读者以较大的选择空间。题目的内涵和外延“大而全”,读者就可以从一部汇编中,全面、系统地汲取自己所需要的档案信息。汇编题目“大而全”,可以使不同的读者从各自的角度,在一部汇编中分别找到自己所需要的全部或大部分的档案文献。要尽力避免因选题过于狭窄,致使收入汇编内的档案文献十分单薄,防止读者看到该汇编后，感到很多自己所需要的档案信息，在本汇编收入的档案文献中没有，读者还要再去档案部门查阅其他档案原件，增加利用档案上的困难，也就降低了档案开发利用优越性的发挥。

2. 选题要防止“炒冷饭”

档案开发利用选题要防止“炒冷饭”，是指重复公布别人已经开发利用出版过的档案文献。以往已经出版的汇编，多有“炒冷饭”现象，出现这种情况，大体有以下几种原因。

（1）有的开发利用者涉猎档案文献出版物不多，不知道自己选定的开发利用题目，是别人已经开发利用出版了的类似题目，自己未深入调查研究。

（2）有的开发利用者，选定开发利用题目后，感到档案部门可供公布的档案原件不够，需要从已经出版的档案文献出版物中引用一些。

（3）应当说明的是，为方便读者，减少读者到处搜寻档案文献，适当、少量地引用一些，以弥补可供公布的档案原件之不足是可以的，但是不能过多，以免因重复公布造成出版上的浪费，以及其他方面一些不必要的麻烦。

（4）也有个别开发利用者，缺乏正确的开发利用目的，不注重以自己的开发利用选题去填补学术空白或历史空白，却只满足于为他人的学术观点做佐证。由于他人的学术观点不一定完全正确，因而，这种开发利用者只有断章取义地拼凑一些已经公布的档案文献，学术价值不高，一旦证明别人的学术观点错误，这本汇编也就失去了任何存在的意义。

开发利用选题除了要防止“炒冷饭”以外，还要避免开发利用的选题“撞车”。所谓开发利用选题“撞车”，指因开发利用者“闭门造车”，不了解此题目别人正在开发利用；或某个题目是当前热门话题，各个开发利用单位互不通气，一拥而上，使得选题雷同，是谓“撞车”，这是开发利用选题之大忌。

防止“炒冷饭”或“撞车”的办法。开发利用者必须多多阅读档案文献汇编，多做调查研究，掌握各种开发利用信息，注意学术动态，留心学术研究的发展趋势，尤其要关心自己拟开发利用的题目，对当前或今后的学术研究有哪些影响，能否左右今后的学术动向。任何开发利用者在选题阶段都会遇到这个问题，因而必须认识到，无论何种原因形成的“炒冷饭”或“撞车”，都必然会降低本次开发利用选题的社会价值或学术价值，防止读者使用汇编，感到“了无新意”，选题应注意新颖性。实践是检验真理的唯一标准。只有开发利用成品能够在社会上广为传播、利用，才能说明此次开发利用选题是成功的。

3. 选题要“高层次”

开发利用选题要“高层次”，是指开发利用者在确定汇编题目时，应使题目内涵具有理论性和学术特点，选题的角度要高、深、博、精，使读者能从汇编题目中得到开发利用者给予的理论指导与学术影响。例如，像《清初资本主义萌芽档案史料汇编》《清代的地租形态史料选编》《明末清初西学东渐档案史料汇编》等就可以称得上选题层次较高，只要一看题目，就知有深刻的学术内涵。

也有的开发利用选题本身就是一个很吸引人的学术研究客体，能够深深地吸引读者，展示了“高层次”开发利用题目的独具魅力。例如，《慈禧光绪医方选议》《北京老字号》《清初漕赋资料》等。此外，在杂志上公布的一组档案文献，如《顺治十八年征收辽饷档案史料》等，也是“高层次”的选题。

虽然开发利用选题要“高层次”，但是，也不能将汇编题目弄得太玄虚。开发利用者力求选定题目要“高层次”的同时，亦应强调题目能全面地反映汇编内容，使读者可以通过开发利用题目即能够决定自己对该汇编的弃取。

(二)开发利用中的档案查找

档案开发利用确定了主题和题目后，就要根据其来查找相关的档案。前期题目的确定和大纲的拟订为查找做好了各项准备工作，开发主体就可以在比较全面、深入调查了解有关档案文献状况的基础上，将能反映开发题目的档案文献收集到一起，以供进一步挑选，即为档案文献的查找。

1. 查找的意义

档案文献的查找之所以进行，是因为只有查找到相关的档案，才能为挑选档案创造条件，同时还为开发利用成果丰富和充实了内容。档案文献编纂的目的，是尽力方便读者利用档案，并有利于保护档案原件。因而，编纂者要本着“量中求质”的原则，努力查找大量的档案文献，凡是与编纂题目有关的材料，编纂者一般都要逐件阅读、认真研究，尽可能将有公布价值的档案文献最大限度地集中在自己手中，只有立足于雄厚的材料基础之上，才能有充分的选择余地。因此，查找工作进行得如何，直接关系到下一步有无足够、全面的档案文献可供细细挑选，进而影响到档案文献编纂出版物质量的关键环节。查找档案文献是在一部汇编中为读者提供与本专题有关的绝大部分重要材料的主要手段和保证，尽可能以较为全面、系统的档案文献说明编纂题目，为广大读者创造便利条件，使读者不用到档案馆遍查档案原件，只通过阅读汇编，就能够得到与某一个专题有关的档案文献，以充分发挥档案文献编纂的优越性。

如若忽视了查找工作在整个档案文献编纂的意义，查找档案文献不彻底，造成编纂者手中所掌握的材料不多，那么，在下一阶段就会感到选材基础很薄弱，选不出几件有史料价值的档案文献，甚至无档案文献可选，必然使得编纂出的成品单薄，不符读者利用，读者被迫还要亲自调档查阅，甚至到其他档案部门查阅，还如何体现出本汇编能方便读者利用档案这一“优越性”呢？

2. 查找的原则

查找档案需要坚持“全面查找、宁多勿漏、博约得当”这一重要原则。“全面查找”指两个方面工作内容：首先，对相关档案部门内部凡是保存和某个编纂题目有关的档案文献，编纂者应遍查各个全宗或类别；其次，编纂者还有必要到一些档案部门以外有可能保存有关档案文献的地方，亲自去了解、查找，如到图书馆、资料室、博物馆、展览室等单位，认真查找有无可收入汇编的档案文献。所谓“宁多勿漏”，即根据编纂题目所规定的范围，编纂者查找到的档案文献，宁可多一些，甚至可以比计划选入汇编的档案文献多出若干倍，尽最大努力防止遗漏某些应选入汇编的档案材料。实践证明，在查找阶段坚持“宁多勿漏”的原则，编者下较大的气力多收集一些有关的档案材料，争取做到与编纂题目有关的档案文献尽归己手，才能使之后的选材工作有较大的回旋余地，有助于扩大选材空间，保证了选材质量，也就等于保证了汇编质量。尤其在编纂数十万字，甚至上百万字的大型汇编时，由于题目范围大、时间跨度大、涉及问题多，只有坚持“宁多勿漏”的查找原则，才能使汇编内容全面深入。“博”，就是通过“全面查找”，实现“宁多勿漏”；“约”，就是查找档案文献尽管要遵循“全面查找、宁多勿漏”的原则，但是，绝对不能“多多益善，凡档皆收”，在执行时务必掌握好标准。所谓“博约得当”，还指查找档案文献不能离开编纂题目要求的范围，更不能任其所好，无限牵连或漫天撒网式地查找材料，以致出现查找到的材料虽然很多，但因大多与编纂题目关系不大甚至毫无关系而不能选用的现象。如果违背了“博约得当”的原则，就会出现这样的情况：编纂者手中虽有一大堆材料，但在下一步的选材阶段，仍然会感到材料基础十分薄弱，甚至可能要重新查找。

3. 查找的方法

查找档案需要有一定的方法，查找的方法要根据档案文献的状况、编纂题目的要求和编者对档案文献内容的了解程度而定，因而，查找档案文献的方法是多种多样、不拘一格的。

我国各级档案部门内所保存的档案，一般都数量浩大、内容繁杂，与某一个编纂题目有关的档案，即使都在一个档案部门内，也不可能集中保存在一起，往往分散在不同的全宗、类别或案卷之中，它们之间的联系，有的比较明显，有的则难以识别，还有的甚至几乎没有什么联系。面对种种复杂的情况，要求编者必须运用科学的查找方法，首先下功夫在档案部门内广泛查找，搜寻与本编纂题目有关的档案文献，将它们集中起来。只有这样，才不会漏掉一个档案部门有关某一专题的档案文献。

在某一个档案部门内围绕一个专题保存着丰富、复杂、分散的档案的状况十分普遍，编者为在本汇编内比较全面、系统、深刻地反映编纂题目，就必须运用正确的、合乎实际的方法，在档案部门内广泛地、高效率地查找档案文献。具体而言，可以先对直接全宗进行查找，然后还要对间接全宗进行寻觅。

有的人物、事物或事件在其活动、成长和发展过程中，牵涉许多地方，其影响甚至波及全国各地，随之而形成的档案文件也散见于各地，造成同一人物、事物或事件的档案文献不仅分别保存于各地的档案部门内，还有可能分别存放在图书馆、博物馆、纪念馆或资料室内。为避免读者在研究一个专题时为了搜寻有关档案文献而奔波劳碌，汇编的编者要围绕一个汇编题目寻访各有关档案馆(室),将有关的档案文献汇集于一部汇编中,以方便读者利用外,还应在图书馆、博物馆等档案部门以外的单位进行查找。

在图书馆、博物馆等单位对档案文献进行具体查找时,要充分认识到,任何一部汇编所反映的历史事件或人物的活动,总是有一定的区域性的,在这些区域内往往形成、流传并保存了与本汇编有关的档案文献。查找档案文献时,应该到有关地区的图书馆、博物馆等单位去查找,这样做往往可以得到第一手材料。编者应具备视野开阔、总揽全局的恢宏气度,防止将查找范围仅仅局限在某一个档案馆内。

由于历史的原因,我国不少珍贵的档案文献被劫掠、隐匿、偷盗以至销毁,很多原来保存得十分正规的档案文献,被糟蹋得支离破碎、面目全非,甚至下落不明,这不仅给科学研究工作造成了很大的困难,也给档案文献编纂工作增加了难度。为了力求做到使汇编内的档案文献完整、系统、准确,就要利用查找档案文献的机会,尽最大努力将失散多年、散落难觅的档案文献收集起来,这样既可以为汇编准备坚实的材料基础,又可以丰富馆藏,此举具有为中华民族积累精神财富的重要意义。

当然,还可以从新、旧著述中查找所需档案文献。我国有编纂档案文献的悠久历史和光荣传统,自古以来就盛行后朝编纂前朝的档案文献、后人编纂前人的档案文献的做法,为我们今天积累了浩如烟海的档案文献汇编。在档案馆外,尤其在图书馆、资料室查找档案文献时,要注意吸收前人的成果,从新、旧著述中收集本汇编所需要的史料。这样做,一方面可以保证汇编内档案文献的全面性;另一方面,由于这些资料已经过前人的选择、校勘、加工和编排,其可信度较高,因而可以收到避曲就捷之效。

(三)开发利用中的档案选材

已经查找到的档案文献,虽然不同程度地都与编纂题目有关,但是,有相当一部分因为种种原因,不可能被编纂公布,这就要求编者根据编纂题目及选材大纲的要求,按照一定的原则,在科学地、深入地分析研究档案文献史料价值的基础上,再进一步细致精选。这项工作称之为档案的挑选,亦称为“选材”。

1.选材的意义

在整个档案文献编纂工作中,选材是关键性环节,除了编纂“全集”,可以尽其所有,将所有相关档案文献“竭泽而渔”外,编纂公布其他类型的汇编,编者都要“如数家珍”般地逐件逐字反复研究、分析档案文献,正确判断它的公布价值,才能保证档案文献编纂的质量。选材的意义有以下几点。

(1)围绕一个编纂题目查找档案文献,由于本着“全面查找,宁多勿漏”的原则,此时的编者主要考虑所查找的档案文献与编纂题目是否有关系,以及千万不要遗漏与编纂题目有关的档案,因而对其史料价值研究往往不够,不可避免地出现查找文献较多,其中有相当一部分不具备编纂公布价值,应当在选材阶段决定其取舍。

(2)已经查找到的档案文献,有的属于《中华人民共和国档案法》规定不准公布的范围;也有的档案文献虽然内容很好,可惜关键部分(如作者姓名、形成时间、重要数字等)残缺或不清,又一时无从考订,编者只好将其弃之不录。

(3)还囿于汇编篇幅的限制及编纂部门诸多因素的制约(如经费、编辑力量、出版期限等),也难以将查到的档案文献悉数编入汇编。

由此可见,选材工作意义重大,选材工作对编者的要求很高,一部汇编的利用价值如何,主要取决于汇编内档案文献的史料价值,但是,有史料价值的档案文献必须依靠编者独具慧眼,从已经查找到的众多档案文献中挑选出来,这样的档案文献一经被编纂公布,俯仰之间,集腋成裘,一些重要的人物或事件,得到了客观、公正的展示,充分显示了编纂工作的优越性;反之,有些史料价值较高的档案文献,未被编者发现或认识,而将其打入"冷宫",它可能很难重见天日,严重地影响了此档案文献乃至本汇编的利用价值。实践证明,编者掌有对档案"生杀予夺"大权,编者水平影响选材水平,选材水平影响编纂水平,高质量的选材才能使编者心血的结晶——档案文献汇编为广大读者承认,并经得起历史考验。

2. 选材的原则

(1)遵循历史唯物主义原则

对档案内容的史料价值进行分析、研究和挑选时,必须遵循历史唯物主义的原则,使选入汇编的档案真实可靠地反映历史本来面貌。要求编者以严肃认真的态度,从实际史实出发,从具体档案着手。在选材过程中,对待档案之取舍要实事求是,即要求所选档案全面、充分,才能反映一个人物或一个事件的全貌,不能相中了几件档案就浅尝辄止,以偏概全。构成社会历史现象的因素极为复杂,而反映一个伟大的历史时期的整个场面,更要全面、充分的档案,才能再现一个历史时期多方位、多层次的原貌。

遵循历史唯物主义的原则,还有更重要的一点,即要求编者实事求是地遵循历史事实的客观性,保持档案内容的原文原意,只有保证选入汇编的档案文献真实,才能保证历史史实的真实。决不允许不顾历史史实,为了当前的某种需要,以实用主义的态度,肆意肢解、割裂档案内容,断章取义,各取所需,以致最后选出档案所反映的问题,已经非史之实,甚至无史可谈。更不能搞"六经注我",编者头脑中先有结论,再将档案和这个先入为主的结论做简单的类比,甚至对档案合则取,不合则弃,对号入座,企图将选择的档案为已有的结论做佐证,这是有违历史唯物主义的不实事求是的做法。能否在选材时做到实事求是,也是衡量一个编者有无责任感、有无职业道德的标志之一。

(2)掌握有关政策界限

选材时坚持实事求是的原则,既不能为了眼前的某种需要而任意篡改、伪造档案内容,又不能持有什么就公布什么的客观主义态度。编者必须高度注意,任何国家,任何政权,编纂公布档案首先考虑的是维护国家、本民族的利益。我们选材时,亦应严格按照国家法律和党的政策选材。例如,凡不利于民族团结,有损国际上友好国家关系,尤其涉及边界、矿产、国防等国家机密的档案,不能选入汇编。如果经请示上级,允许公布，亦应慎之又慎，一时拿不定主意者，以不选为宜。

选材时还应注意，凡反映有关政策界限的档案，如果允许在专供科学研究或属于内部发行的汇编中公布，则应严格掌握好选材尺度，不得和供宣传教育或教学参考等公开发行的汇编混淆，不能将本应控制公布范围的档案选入拟公开发行的汇编中，这是选材时编者应遵守的至关重要的原则。

（3）深入分析档案的史料价值

档案中记载的都是历史，其内容可以比较清楚地反映出历史的过程，后人阅读档案时能够客观地认识历史事件的时代背景、发生原因、发展经过、最终结局及历史意义，这是档案重要的史料价值。另外，档案的史料价值还在于它具有启迪性，可以启迪后人认识历史事物的本质、规律，乃至现实生活中发生的事情，从而总结经验与教训，得以对现实的认识和对未来的预见。像这种既逝性和启迪性的统一体，即档案的史料价值。

档案的史料价值也是档案的利用价值，应该对读者起到凭证和参考作用，尤其有的档案的史料价值是其他类型的文献所不具备的，或者是能够填补历史空白、给历史翻案甚至震惊学术界“一石激起千重浪”的，这样的档案在选材中，只要和编纂题目有关，就应处于首屈一指的被选地位。

（4）紧紧围绕汇编题目

查找档案时，在“全面查找”“宁多勿漏”的前提下，已经强调了要注意“博约得当”，避免离开汇编题目的要求，防止离题滥选。因为确定的汇编题目，大多根据拥有档案馆藏丰富、史料价值较高、编者熟悉的档案内容，因此选材时，往往不顾汇编题目的要求，对每件档案皆爱不释手，致使选入的档案，不仅数量大大增多，超出了汇编篇幅的限制，给以后的出版工作带来困难；而且造成汇编内的档案文献杂乱无章，令需要本专题的读者在阅读该汇编时不得要领，甚至失望，使读者无从索得。

紧紧围绕汇编题目选材，还应严格掌握汇编题目所需档案的范围，不能扩大其选材规模，如现行文件汇编，只能将有时效的、仍有法规作用的文件选入，那些已经过时、失去时效和法规作用的档案文件不应选入；再如政策法令汇编，则不应选入非政策法令的档案，如果选入，则文不对题，超出了汇编题目要求的范围。

（5）尽可能选择档案原件

前面曾经谈到从新旧著述中查找档案文献，某些汇编题目的档案原件可能不存在，查选一些已经编纂公布的档案文献，以保持本汇编的完整性、系统性，无疑是必要的。例如，20 世纪 50 年代中国史学会编纂的《中国近代史资料丛刊》，收入的主要都是已经编纂公布的档案文献，这在当时清代档案没有允许开放的历史条件下，只能采取这种方法，且收到了良好的社会效益。今天的情况已经不同，开放历史档案的方针颁布了 20 多年，大量档案原件的开放订正了许多已经编纂公布档案文献之伪误，同时也为了避免造成重复公布，因而，围绕某一汇编题目的档案原件，如果具备了编纂公布的条件，应坚持选入档案原件，尽量不用已经编纂公布的档案文献。编者不能图一时之便利，使选入的档案文献和原件有出入。

3. 选材的要求

(1)选材时要选择能够充分阐明汇编题目的档案

具体进行选材工作,要根据汇编题目的要求,编纂与公布档案文献的目的,按照选材大纲规定的选材范围及档案的不同特点,在逐件研究、分析档案的基础上挑选,以选择那些能够充分阐明汇编题目的档案,是谓选材的基本要求。

(2)选材时要通过现象看到问题的本质

档案是前人活动的记录,他们往往很难意识到这个记录对后人有哪些意义,因而,档案多为记录了一些现象。可是,世界上任何现象都反映一定的本质问题,既不能出现赤裸裸的所谓"本质",又不可能存在不反映本质的单纯"现象",这就决定了选材时透过现象看到本质的可能性。编者很难脱离现象凭空去挑选直接记载"本质"的档案,也不能够仅停留在认识现象的水平上,以致漏掉反映重大本质问题的档案。

(3)选择与开发利用题目有关的典型材料

档案在形成时曾发挥过较为重要的作用,它往往能具体、集中、生动、深刻地反映某一历史人物或历史事件,这种具有实质性内容的档案就是研究有关专题的典型材料,它有较高的史料价值,是构成汇编的主要组成部分,亦是主要的挑选对象,编者应以相当的精力去发现典型材料。

(4)从不同方位和角度来选择所需的材料

档案内容纷繁复杂,围绕一件事或一个人物,不同档案作者各自情况的差异,往往造成反映的角度、范围、观点等都不尽相同,有的内容、观点甚至完全对立。编者选材时要实事求是地根据档案的记载状况,注意所选材料要客观、全面地选择不同类型的档案文献,多方位、多角度地反映编纂题目。坚决避免编者任凭主观意志,先入为主,企图"六经注我",用所选的材料为编者的观点服务,而应尊重档案内容的权威性,从档案文件记载的内容中找结论。不仅要注意档案文献记载事物的不同角度,而且还要注意档案文献记载事物的不同观点,同时,更要注意所选档案内容的完整性。

入选汇编的档案,在形成、流传和保管过程中,经常出现同一份档案文件虽然出自原作者一人之手,或者出自多人之手,却有不同文本或版本。一份档案文件存在不同的文本或版本,其内容也不尽相同,史料价值亦互有差别。编者选材时,应认真比较不同文本或版本,将最能体现档案作者本人意图的文本或版本选入汇编,是谓档案文献的选本,它是选材工作的组成部分之一。

4. 选材的方法

(1)集体研究,互相通报

由于在查找档案文献时,是根据档案文件的分布特点或按汇编题目反映的内容来组织人力分组查找的,因此,选材时,一般仍可按原组人马在自己已经查找到的档案文件范围内进行挑选。但是全体编者要经常进行集体研究,互相通报各自的选材情况。

这样做的优势如下。

①往往自己所需而没有查到的材料，正巧在别人已查找到的范围内；有时别人所要剔除的档案，正是自己所急需的。编者之间经常互通信息，可以保证整个选材工作的顺利进行。

②有些材料比较重要，又有副本，因此往往会出现几个编者同时选中的情况。编者之间，经常“通气”，可以避免选材重复。

③保持对选材认识上、标准上的一致，防止宽严不一，疏密各异，同时也使汇编内各类材料在数量上大体保持平衡，防止在一部汇编内各类档案文献此众彼寡。

(2)主编统一各观点，最终决定材料弃取

在上述工作中，主编的作用很大。围绕一部大型汇编，往往是几位编者共同选材，因每人情况不同，在实际工作中难免出现意见不一致的情况。有的材料，甲弃乙取，几弃几取，为防止出现这种情况，必须由主编统一各方观点，最终决定材料的弃取。主编必须在深刻了解汇编题目要求的基础上，在对查找的档案文献全盘掌握的前提下，居高临下，综观全局，注意吸取编者中的正确意见，以有说服力的见解统一大家的思想，使汇编内所选档案文献适得其中。

(3)将已选档案登录

选出的材料，既可在查找后制作的登录卡片上做出“已选”的标记，也可另制选材卡。凡利用查找后制作的登录卡片，除根据材料的弃取在卡片上做相应标记外，还可以根据在选材中对档案的深入理解，来补充或修正原内容提要栏所填内容，同时将全部已选档案文献按卡片次序集中。

5. 选材的步骤

选材一般可以分为初选、复选、定选三个步骤。

(1)初选

根据选材大纲的要求，对已经查找到的档案文献逐件逐字地进行研究，剔除明显无用的材料，对一时确定不了取舍的材料要保留到复选时再做决定。这一步要求“从宽防漏”。

(2)复选

重点解决在初选阶段未解决的问题，如确定有争议的材料之取舍，通盘考虑各类项之间材料的平衡，在选材中发现的问题也一并解决。这一步是选材的关键步骤，要求“从严防杂”。

(3)定选

定选分两步。首先由编者在复选的基础上，对自己准备选取的全部材料从政治、学术、真实性，以及阐明汇编题目的深度、广度等方面全面地进行审查，最后决定下来。然后，各编者将自己所选定的材料交给主编，由主编从整个汇编的全局出发，协调各编者所选的材料，尽力使全书所有的档案文献成为一个有机的整体。

（四）开发利用中的档案加工

档案经过挑选后，则要根据需要进行加工处理。档案加工是指编者根据编纂题目的需要，按照一定的原则，将档案文献正文中的文字如实地转移到其他载体上去，同时将档案文献正文中一切不符合编纂要求的文字、符号、款式及图形等，凡不涉及档案内容的外形部分，进行必要的技术性处理。档案加工包括转录加工和点校两部分内容，统称为档案加工，或称为编辑加工，是档案文件经过编辑、公布称为档案文献的过程，除了档案原件影印出版外，是必不可少的一个工作环节。

编者已经选定的档案原件，不能够直接将它们编入汇编，更不允许直接将它们送去出版，必须予以手抄或打印等方式，将档案原件的正文丝毫不差地转录到其他载体上，再将这些誊印件经过点校加工等一系列编辑工作，然后排版印刷，成为档案文献出版物。

1. 加工原则

档案文献编纂工作的重要原则，是档案文献必须和档案原件的文字高度一致，这和档案参考资料编写工作，以及情报工作中的可以径自对档案原文改写、删节、编述等做法有着本质的区别，因而，决定了档案文献加工工作必须遵守以下原则。

（1）存真原则

所谓“存真”，即经过加工后的档案文献，务必保持档案原件在文字和内容上的真实性。编者应该牢固树立忠于档案原文原意的思想意识，无权对档案原文原意任意增删改易，只有保持档案信息的真实性，才能维护历史的真实，这是在档案文献加工中应该遵守的首要原则。

众所周知，档案文献的凭证作用和参考作用，是由档案记载的原始信息内容的真实程度决定的，而档案内容是人们从事各项实践活动的客观记录，其内容一经形成，就不允许随意改动。正因为档案的这个特点，要求编者加工时必须时时处处注意尊重档案信息内容的历史既成性。若档案原文在文字上确实有误，或者其外形有妨碍读者阅读的部分，编者对其做一些技术性的处理是必要的，也是允许的，但这种处理绝对不能伤害档案的原文原意，更不允许有丝毫的歪曲篡改。如果编者擅自改动档案原文，就必然会影响档案文献的价值。

（2）求实原则

求实原则即严格遵守实事求是的原则。有的档案原文清晰无误，但是其观点或内容错误，编者转录加工时，要一仍照转，不得以现行的需要去改变档案中的观点，应准确地再现档案中记载的内容，由读者去下结论；也有的档案原文存在错讹，点校加工时应力求再现档案作者本意，绝不能加工后使其内容有违作者本意。同时，加工中要认真仔细，尽力消除传抄或识别字迹过程中出现因编者原因造成的错误，是谓加工中应遵守的求实原则。

因档案产生年代的久远或今天编者学识的限制，做到加工后的档案文献完全准确无误，难度是很大的。这就要求编者在加工时，要认真研究，勤于考校，自觉地把加工工作建立在科学研究的基础上，每辨识一字草书、校正一处错误、施加一个标点、划分一个段落，都要经过细心分析和严谨的考订校勘，要有根有据，合情合理。如果编者功力不够又缺乏钻研，造成因编者的原因而使档案文献中出现新的错误，就失去了加工的意义。

(3)慎改原则

编者怀疑档案正文中存在问题，但没有把握，改无确据，或者档案中出现可改可不改的文字，则一律不要改动，只要不妨碍读者阅读和理解，应尽力保持档案原字原样，以少改为宜；如果档案正文中的文字确实妨碍了读者对档案文献的阅读和正确理解，编者加工时亦应慎于下笔，不可强改，即使“疑以存疑”，也比错误的加工或多余的加工要强得多。

发现档案正文中某个文字可疑，怀疑原文有误，但又没有可靠依据时，不能凭自己的主观臆断而加以更改。正确的办法，则是原文照录，而将编者的疑问或采用加工符号，如用“？”表示，或在注释中加以说明，存疑待证，留待读者或后人去解决。若肆意妄改，只会错上加错，尤其不允许“将正改误”的“硬伤”出现。

(4)标注原则

凡经编者加工改动之处，皆应以加工符号或文字标示说明，以便读者可以明确区别，哪些是档案原文，哪些是编者加工，必要时还应以适当的方式交待加工改动的原因和依据，不可径直改动。这样做，既达到了忠于档案原文的目的，又进行了必要的加工；既取信于读者，又方便了读者。孙钦善先生在《古代校勘学概述》一文中说：“可以使校正者有据，误校者留迹，两通或多歧者存异。”这是尊重档案原文的正确见解。

有人主张加工时可以径改，理由是有的档案原件上错字连篇，如果凡纠正错讹皆用加工符号，那么满篇加工符号，档案文献成了“大花脸”。其实汇编版面的美观并不在于有多少加工符号，问题是，径改错讹，不用加工符号，读者就难以知道哪是档案作者写的，哪是编者改的，会混淆二者界限，既不了解档案原文情况，又不知道编者做了哪些工作，因此，一般不宜径改。当然，档案原件上个别笔画小误，也可以径改。如写混了“己、巳、已”“戊、戍、戌”，可以径改；手稿中错误的简化字，如“富”“位”“形”，亦可以径改为“赛”“信”“影”，而不必用加工符号。目前，在应否径改上，编纂界意见不一，但多数档案文献都用了加工符号，说明大多数编辑是赞同标注原则的。

上述加工的四项原则，是档案文献的可据性和可读性得以实现的重要保障，只有按上述原则加工，才能达到加工的目的。上述四项原则并非互无联系，更不是互相矛盾的，而是辩证的统一。简而言之，编纂、公布档案文献旨在开拓并向社会提供档案所记录的原始信息，因此，首先要注重“存真”；存真并不意味着不做任何加工，但加工必须建立在科学研究，即“求实”的基础上；当加工遇到疑难，无从索解时，不应率意下笔，要慎之又慎，坚持“慎改”；凡有加工改动之处，应讲求科学的形式，故要进行“标注”。

最后，作为一项常识性的要求，档案文献的加工必须在复制件或抄件上进行，加工时还要注意保护好档案原件，绝不允许冀图一时便利而直接在档案原件上加工，并严禁在档案原件上勾画、圈点、涂抹、批注，乃至剪裁、挖补、揉损、浸染、玷污。编纂工作的最大优越性，除了方便读者，就是有利于保护档案原件，如果在加工时损伤了档案原件，就违背了编纂档案文献的宗旨。

2. 档案的转录加工

由于不可能将选定的档案原件本身编入汇编送去出版，更不允许在档案原件上直接加工，因此，编者必须将准备收入汇编的档案，首先抄写到稿纸上，或者复印出来，然后在抄件或打印件上进行加工、拟标题、编排等一系列编纂工作。这项将档案的原文字符如实地转录到其他载体上去的工作，称为转录加工。

转录加工属于档案文献加工的一个方面。这种转录不同于编纂档案影印件，将档案影印件直接出版，可以不用加工，而在抄件或打印件上转录加工过程中，则需要编者在忠于档案原文原意的基础上，对档案原文中某些部分做必要的删节，并重新处理档案文字的行款格式、标记批语等。只有在转录加工的基础上，将档案原件文字转录到其他载体上去，才能开展之后的点校加工和拟标题、加注释等项编纂工作。

转录加工分为两个部分：首先是将档案原文抄写或打印出来，在抄件或打印件上进行加工，然后再誊清成为加工完成稿，这个誊清稿就是档案文献出版物正文的最终定稿。从转录加工的两个部分可以看出，第一部分工作是对档案原文的转录，非常关键，是整个加工工作乃至编纂工作的基础。如果在转录中，因编者自身的原因，将档案原文抄错、认错，又未经认真校对，或者对档案的原文删节失当，以及对档案原件的行款格式、标记批语处理不当，将影响到后边的各项工作，最终导致汇编的质量出现问题。而第二部分工作是对加工完成稿的誊清，誊清稿成为档案文献的正文出版印刷的依据。如果在誊清过程中出现错误，则功亏一篑，会降低档案文献的可据性。因此，进行转录加工应该符合以下要求，以保证档案文献出版物的质量。

（1）保证历次转录件与被转录件的完全一致，包括初次转录所形成的抄件或打印件与档案原文的完全一致，最后的誊清件与加工完成件的完全一致。这是档案原文转录的最根本的质量要求。实践证明，几乎每一次转录都可能从编者手下产生出一些新的错讹、脱漏、重出、颠倒的文字，这样一来，原有的纰漏尚未弥补，新的讹误又掺杂其间，新旧问题纠缠在一起，档案文献的正文也就面目全非，不能如实反映档案原文和编者所做的加工工作。为此，转录加工时应做到以下几点。

①要精心抄录，防止因粗心大意而抄错档案原文文字。档案的凭证作用要求抄录档案原文的精确程度有绝对保障。编者转录时必须耐心细致，一丝不苟，逐字逐句皆“谨小慎微”，倘若稍有不慎，就可能脱漏掉原文中的某些字句，或者重复、增写出一些原文中所没有的字句，也可能把原文字句写颠倒。

②要准确辨认文字，防止因认错字而导致原文转录错误，这项要求也是由档案特点决定的。图书、报纸、杂志等印刷品，其文字多为规范铅字，读者不认识时查字典即可解决。而档案上的文字，尤其手稿，有正、草、隶、篆之体，还有今字、本字、古字、通假字、专用字、避讳字等。凡此种种，给转录加工带来不少困难，尤其私人档案中的繁体字、草书，转录加工时几乎大部分精力都要用在辨认文字上，而这正是高水平的转录加工。例如，中国第一历史档案馆藏有一部《筹笔偶存》手稿，是晚清山东地方官吏处理和起草公文时的留底簿，主要反映了义和团在山东的活动情形，史料价值很高，但字迹潦草，涂抹勾画得简直难以辨认。第一历史档案馆编辑人员以极大的耐心，凭着多年积累起来的历史知识和清代文书学、古文字学，以及辨认草书的知识和功力，用放大镜逐字逐句地加以研究和辨认，终于将其整理编辑成书，引起了学术界的重视。

(2)要总结误辨、误认文字的原因及规律，避免辨认错误的发生。对档案文字辨认错误的原因，大多有以下几种。

①不辨字体结构的分合，造成一字误作两字，或两字误作一字。根据汉字的结构，既有上下体，也有左右体，因此无论档案原文是竖写或横写，只要转录时失于分辨，就可能发生将原字“一分为二”或“合二为一”的错误。

②不辨形体的相似而致误。方块汉字形体有的相互仅一点一画之别，但音义却相去甚远，如戊、戌、戍，折、析、拆，已、己、巳等，抄写时，很容易写成“戍戌变法”或“辛西政变”。在《山东巡抚袁世凯奏为前派北上各营调回原防折》中有一句：“仰见睿虑周详，莫名祗服。”这是袁世凯奉承慈禧、光绪考虑事情周到详细，令袁世凯非常敬佩的恭维之语。其中“祗”是恭敬的意思。有人既不解其意，又不认真辨别其字形，写成“祇”，少了一点，是旧称“地神”或“只”的意思，就解释不通了。

③将异体字认作错字。在历史档案中，经常出现异体字。所谓异体字，指有不同写法的同音同义字，例如，“凢—凡”“寔—实”“迯—逃”“恠—怪”“洊—荐”“悳—德”“冣—最”等。不少编者在转录加工时，因不认识异体字，查现代字典无从索得，遂凭想当然而错改成现代字或当错字处理。编者凡遇到异体字，应查阅《康熙字典》，如果《康熙字典》也没有，又不是避讳字，则可能是作者卖弄或错写，应按错字处理。

④因不识避讳字而抄写致误。不少编者在转录加工时，因缺乏必要的避讳知识，误将避讳字当成错字，凭想当然而改。例如，清代档案中，道光帝名“旻寧”，“寧”写成“甯”；同治帝名“载淳”，“淳”写成“湻”。太平天国档案中，“王”写成“圭”；“国”写成“郭”；“华”写成“花”；等等。凡遇到避讳字，可以直接改成正规字，但要有根有据。

⑤因字迹漫漶、虫蛀、残损而难以辨认。纸质档案，由于保管不善，往往造成档案内容中重要的人名、数字、时间残缺污损。如清代内阁大库档案，在清朝并没有专设的员役管理，仅由内阁典籍厅和满本房分别兼管，典籍厅贮存的“红本”，满本房掌管的“实录”“圣训”“起居注”“史书”等档案文献，皆打包堆积起来，几百年无人问津，虫吃鼠咬，灰堆土积，潮湿霉烂，后来还发生了“八千麻袋事件”，虽经追回，多已残缺不全。

⑥不善于查阅工具书或没有综合运用各种知识而致误。转录加工经常遇到的困难，是历史档案手稿中的繁体字、草书。编者要具备一定的书法知识，熟练地从《正草隶篆字典》等工具书中查到有关的字，还要善于联系上下文，充分运用历史知识、古汉语知识、历史文学知识等解决疑难，而千万不要望文生义，胡乱猜测。

（3）转录加工时必须用字规范，书写清晰工整，载体及记录形式在汇编内统一。

①用字规范，要求抄录文字严格按照正式字典中文字笔画结构书写；凡用简化字，应根据国家语言文字工作委员会1986年重新发表的《简化字总表》；严禁自造字、使用不规范字及不伦不类的文字符号，若档案原文中有此现象，应直接转录成规范字体。

②书写清晰工整，才能便于以后排版、校对等项工作的顺利进行，避免因档案文献出版物底稿书写模糊、混乱乃至无法辨识，而最终影响档案文献出版物的质量，不仅会给其他同志的工作造成困难，而且很容易被误认为其他的字，导致正文中出现新的错字。书写清晰工整，亦是每一个编者应该具备的基本素质。

③载体和记录形式划一，这是指一部汇编的全部抄稿或打印稿用纸，应该规格一致；在记录形式上，不能有的横写、有的竖抄，亦不应该文字繁简掺杂，标点符号的使用和占格、标题及其他内容（如批语、注释、按语等）的位置，在一部汇编内必须统一安排。

一部汇编，动辄几十万字，多为几个编辑共同参加编纂，务必防止各自为战，要互相通气、协调一致。尤其主编责任重大，应仔细地全盘策划，统一安排，经常过问，才能保证一部汇编的抄稿载体和记录形式整齐划一。

（4）每次转录加工之后，皆必须经过认真的校对。从事转录加工的是人，就难免有错，不少档案部门因人员缺乏，往往请实习学生或找人抄写打印。这些抄写打印者一般缺乏对编纂理论的研究和实践经验，在转录过程中出现意想不到的错误往往是难免的，而认真、反复多次的校对，则是消灭差误的唯一途径。一个人无论如何精心抄录和准确辨认，总是难免存在差误。我们经常见到许多严肃的出版物，尽管编辑人员已经在出版前多次校对，但成书后仍发现有讹、夺、衍、倒的文字，因而不得不用“勘误表”的方式纠谬正误，这就有损该书的价值。难怪有人说，每次校对，都像秋风扫落叶那样，刮一次秋风，就会扫走几片落叶，这是一种很正常的现象。但是，绝不能因为“可以理解”而任其存在，放任自流，更不能匆匆抄录，草草交稿，校对马虎是造成出版的档案文献留有错字的主要原因。

在抄录完毕之后，必须严格、认真地将转录件和档案原件进行校对。对历次转录件和被转录件一丝不苟地校对的意义还在于，一部汇编的价值如何，是由汇编内档案文献的价值、编者的编辑水平、出版印刷的工艺技术等多种因素决定的，而校对工作则起着保证上述因素得以实现的重要作用。

由于校对工作是一项十分严肃、细致的工作，因此要求校对人员不仅具备高尚的职业道德，还必须具备一定的文化知识及理论水平，不仅能够发现校样与底稿的不同之处，还应发现底稿中残存的错误，这就要求校对工作者具备档案学、文书学、历史学、文字学和有关的科学知识，以及与汇编题目相关的某些专业知识。因此，校对工作者应加强学习，在工作中不断积累经验，掌握一些易错的关键部位，注意扩大自己的知识领域。一般要求经校对后出版的汇编，在1万个字中不能有1个以上的错误，也就是要把错误率控制在万分之一以下，这对校对工作者的要求是很高的。

3. 档案的点校加工

对于现代的档案而言，一般不需要进行点校，而对于某些档案，由于缺乏标点符号，甚至一些讹误现象，所以需要进行标点加工。点校加工，系指编者在将档案原文转录到其他载体上之后，应对档案正文进行标点、分段，并勘误、校正档案原文中讹、夺、衍、倒等文字上的错讹。点校加工是档案文献加工的组成部分。

（1）标点

标点即阅读时在弄懂文义的基础上为方便诵读而给档案原文断句，并施加的符号，古称“句读”“点断”。我国古代档案文献在书写时均不断句，更无标点。而我国“句读”之学却源远流长，汉代以前就已存在。章学诚在《丙辰札记》中说：“点句之法，汉以前已有之。”在《礼记·学记》中亦有关于“句读”的记载：“比年入学，中年考校，一年，视离经辨志。”东汉郑玄注：“离经，断句绝也。”孔颖达注：“离经，谓离析经理，使章句断绝也。”皆证明至少在汉以前已经有句读了。中国古代有个奇怪的现象：古人撰文并不亲自断句，而是由别人或后人阅读时去点断。清代的题本、奏折等档案既不断句，又无标点，直到民国，有些作者开始断句，从北平市电车公司呈文可以证实这一点，但尚没有系统的标点符号，后来国民政府制定了关于使用标点符号的办法，并没有推广普及。

（2）分段

历史档案一般没有分段，为了今日读者阅读档案文献的方便，可以分段。徐望之曾说：“公文之结构，自其实质言之，除一二特殊性质之公文，如任免令、任命状等文之外，虽名称各异，详简互殊，总不外依据、引申、归结三段结构而成。”

（3）校勘

转录和标点过程中，编者发现档案原件在文字上存在讹、夺、衍、倒等现象，并以一定的方式进行处理，即为校勘。

4. 档案文献的标题

决定编纂公布的档案文献，经过加工后，尚需给档案文献重新拟制标题。档案文献的标题，并非前文讲的“编纂选题”，那是指一部汇编的题目，即书名，而本节指的是反映一件或一组文件自身的特点（如作者、受文者、文种、形成时间和地点）及文件记载内容的题目。它以简短的文句，高度概括了所反映文件的组成要素和内容。为档案文献拟制标题是编纂工作中重要的一环。

之所以需要给挑选出的档案赋予其标题，是有深刻原因的。一是某些档案原件无标题，为了方便读者，需要添加标题；二是档案原件标题不符合要求，需要重新拟订；三是拟制标题便于读者对档案文献各要素一目了然。

给档案编制标题时,需要符合以下要求。

(1)标题结构要合理,档案文献标题应该包括作者、内容、受文者、文种、时间、地点六个组成要素。另外,还可通过拟制的标题表明开发利用者的态度,因为档案文献标题不一定是原件所有,多为汇编者所拟,因此在标题中往往流露出编者对该档案文献的态度。

(2)凡对于一般档案文献,拟制标题在措辞上以"中性"为好,"中性"亦是编者的态度,意为仅做客观反映,提供原始素材,让读者自己去下结论。

(3)拟制标题还应体现时代特色,因为档案文献中原职衔、内容用语、文种、时间、地点等,其措辞和今日惯用词汇不同,在拟制标题时,只要不影响读者理解,最好一仍其旧,不用今日词语代替,以保持该档案形成时的时代特色,增强其历史真实感。

(4)要惜字如金,拟制档案文献标题应力求简明,简止于明,明力求简,一则标题一般不超过 30 个字。

(5)要措辞准确,档案文献标题最重要的编拟要求是准确,即档案文献标题的各个组成部分都必须和该档案文献内容及各方面情况一致,不得出现题不对文的情况。如果编者拟制的标题和档案文献情况不符,被读者发现,而检索不得,就只能自己去查阅档案文献原文,这就失去了标题的意义,严重者,将影响读者对汇编的信任程度。

5. 档案的编排

每份档案文件根据汇编题目的要求选定、加工之后,必须按照一定的原则和方法将它们编排起来,目的是把汇编内的档案文献组成一个具有某种逻辑联系的有机整体,从而最终固定每份档案文件在汇编中的位置,使汇编内众多的档案文件浑然一体,共同科学、系统地反映题目的内容。否则,杂乱无章、纷繁复杂的档案文件难以阐明汇编题目,也不便于读者阅读。因此,档案文献的编排工作在整个档案文献编纂工作中占据着十分重要的地位。

对选入汇编的档案文献,应当依据一定的组织形式分类和排列,这种组织形式就是汇编体例,亦称编排体例。编纂题目的多样性、档案文献形式和内容的复杂性及汇编篇幅多寡不同等因素,决定了编排体例的多样性。每部汇编选择何种编排体例,应根据汇编题目的需要和档案文献的特点来决定。

编排档案文献的原则乃是对汇编内材料进行科学分类的依据和准则,这些原则是根据汇编题目的特点及汇编内档案文献的情况决定的,能反映出汇编内档案文献相互联系的历史顺序。具体地讲,编排档案文献时应遵循以下原则。

(1)最大限度地体现档案文献之间的最主要的或最基本的联系

档案文献之间的联系是多方面的,一般分为"纵"的联系与"横"的联系两大类。所谓"纵"的联系,是指通过排列档案文献可以看出它们之间的历史联系(如反映出某事物的发生、发展、结局、影响等过程);所谓"横"的联系,是指档案文献反映出的问题的联系、作者的联系、通信者的联系、地区的联系和文种的联系等。对档案文献进行分类排列，要根据汇编题目的需要，体现出档案文献之间的这些客观联系。但在一部汇编中，编排体例只能反映某一种或几种联系，而很难甚至不能同时反映全部联系，因此，一部汇编究竟应确定哪种体例才能够最大限度地反映档案文献之间的最主要的联系，要视汇编题材的具体特点而定。

实践证明，档案文献的编排绝不是简单的“编编排排”，这项工作已进入资料整理的较高阶段，要求编者不但能深刻理解汇编题目，熟悉档案文献的内容和特点，而且要有驾驭大量档案文献的能力。只有这样，才能正确判断什么是档案文献的主要联系，什么是次要联系，明确如何保持、体现主要联系，同时必须结合汇编的特定题材加以具体分析，才能做出正确的抉择。正如恩格斯所说：“只有当自然和历史的材料搜集到一定程度以后，才能进行批判的分析和比较，并相应地进行纲、目和种的划分。”

(2)要遵守分类的逻辑原则

这里提到的逻辑原则，包括辩证逻辑与形式逻辑两个方面，在分类时，要保持汇编内各章、节、项、目(或问题层次)之间的正确的逻辑关系。

在确定了一部汇编的编排体例之后，下一步工作就是要将具体文件一份份地正确归入相应类别中。在实际工作中，经常遇到一份文件既可以归于此类又可以归于彼类的情况，或感到该份文件似乎归哪一类也不合适，这就要求编者不仅要设类合理，还要在深入分析档案文献内容的基础上，做出合乎实际的判断，采用适当的方法进行处理。在执行时，应注意以下几点。

第一，要注意档案文献的内容与所属类别的内在联系。

第二，要分清档案文献内容的主次，然后进行分类。如果一份文件包括的内容较多，应分清主次，按其主要内容归入相应的类别之中。

第三，如果文件属于全面的、综合的、概述性的，不宜归入汇编中的某个具体的、局部的类、项，则可在各类、项之前设综合性的类项以归属之。

第四，汇编选录的文件中，如果有以下情况，可作为附录处理。

①不属于本专题收录范围而又与本专题有一定联系的、具有一定参考价值的档案文献，如果收入汇编，应作为附录处理。

②汇编文集时，如果将不属于作者直接成文的而与作者在文件中所论问题有密切关系的文件收入汇编，应作为附录处理。

③汇编中主要收录正面文件，其中也包含少量反面文件，可将反面文件作为附录处理。

④汇编中收录的材料主要是档案文献，为了阐明问题的需要，也收录少部分图书文献或报刊资料等，这些不属于档案文件性质的材料也可作为附录处理。

一般地说，凡是与汇编题材的性质、目的和要求存在着某些不完全吻合之处的材料，均可考虑以附录形式编排之。

在确定了每份档案文献应归属于哪一类之后，要按编排体例将全部选定的档案文献逐件进行排列，以固定每份档案文献在汇编中的位置。排列文件过程中，不仅要注意将每一份档案文献都收入最合适的类里，而且还要注意将档案文献放在类内最合适的位置上，要保持各份档案文献的系统化，并注意其相互的历史联系。

（3）要体现一定的思想性

很多汇编所收录的档案文献的性质和重要程度不同，应在编排的先后顺序上体现出编者的正确的思想观点，即正确的思想倾向性。如果汇编内有正面文件和反面文件或革命性文件与反革命性文件，就应根据这一原则将正面的或革命性的文件列于首类，或者列于一类之首；同属正面文件或革命性文件，则应依其重要程度从高到低依次排列，如把革命导师、经典作家的文件排于首位。

档案文献最基本的排列方法是按时间顺序排列，有时为突出档案文献的价值和编排的思想倾向性，也可以综合考虑按重要程度、按正面与反面文件及按正、附件等方法排列。

在有的现行文件汇编中，档案文件的排列顺序也是按重要程度（中央、地方、本系统、本单位）从高到低依次排列的。但对同等重要的文件，仍按时间顺序排列，因此，按时间顺序排列仍是最基本的排列方法。

在对档案文献进行排列的过程中，还可以检查一下前一阶段在选材中有无重选或漏选现象发生、修拟的文件标题有无问题以及设置的体例是否需要修改等，若发现问题，应设法及时弥补和改正。

第五章　档案开发利用的环境条件

第一节　档案开发利用的社会条件

一、国家发展战略、方针、政策的影响

档案开发利用的社会条件往往随着时代变化而发生改变，通常受特定时期国家发展战略、方针、政策等因素的影响。档案工作是党和国家的一项重要工作，受党和国家方针政策的指导，以国家政策为其行动指南。因此，档案开发利用工作也必须围绕国家的工作重心展开，并提供相应服务。

二、社会档案意识及档案需求的影响

（一）社会档案意识

社会档案意识是指人们对档案的性质、价值和档案工作的本质、作用、地位的看法，以及对保护档案的义务的认识和利用档案的要求。社会档案意识越强，对档案工作的支持就越多，就更有利于档案信息资源的开发利用；反之，档案部门就会缺乏社会的支持，得不到社会的理解，无法与社会进行信息的交换。

社会档案意识的高低取决于公众从档案利用中得到实惠的多少。因此，档案服务要贴近民众，要加大开发更多反映社会和生活、与公众密切相关的档案信息产品。但是，目前我国档案部门普遍存在着“四多四少”的现象，即宏观档案多，微观档案少；政务档案多，科技、经济档案少；公务档案多，私人事务档案少；一般档案多，特色档案少。这远远不能满足社会和公众的档案需求，势必影响社会和公众对档案部门的认知度。同时，它又会反过来影响各部门、各行业和公众对档案信息资源开发利用工作的支持。

因此，档案开发利用必须紧紧围绕着中心工作及当前社会需求来选题。只有找准

社会上人们普遍关注的热点、焦点来组织档案信息向社会开放、为人们提供利用，才能实现“一石激起千层浪”的效应，在社会上产生较大影响和轰动，带来好的社会效益和经济效益。同时档案部门要注意利用各种媒体、各种渠道加强宣传，使社会成员了解档案的价值、开放利用的政策和具体规定，从而赢得社会的支持，提高公民的档案信息意识。另外，档案开发利用者也必须端正服务态度，树立“以人为本”的服务理念，积极主动地开发档案信息资源，提供及时、便利、质优的档案信息服务。

（二）档案需求

档案需求是指用户为满足自身的某种利益需要，查阅和利用相关档案的潜在要求。档案需求受多种因素的影响。

第一，档案需求受档案用户的类型的影响，不同类型的用户其档案需求存在较大差异。如领导部门往往以综合性的档案信息需求为主，而执行部门则以具体性的档案信息为主，普通公众主要以关系个人生活的民生档案为主，如婚姻档案、社会保险档案、就业人员档案、失业人员档案、房地产档案、城市拆迁档案、学籍档案和企业职工档案等。

第二，同一档案用户在不同时期其档案需求也是不断变化的。如在政治斗争的特殊时期，社会需要的档案以政策性档案和相关人事档案为主。在经济建设时期，社会需要的档案以与经济活动相关的档案信息为主，如企业知识产权档案、市场档案、商情档案、经营档案等。

第三，用户的档案需求具有一定的规律性。通常用户在查询和利用档案时，都要求方便、快捷、全面与准确。用户的客观需求、决定将影响档案信息资源的开发利用。档案开发利用工作者，必须研究用户对档案信息资源需求的特点，分析各类档案信息资源利用率的大小，掌握用户需求规律，有针对性地开发利用档案信息资源。

总的来说，社会档案意识的强弱和档案需求的大小决定了档案开发利用工作的繁荣与否。用户对档案信息需求的不同特点，决定了档案信息资源开发利用的不同形式。档案开发利用工作需要“因时制宜”，随着时代需求的变化，不断分析和掌握社会档案需求，提供令人满意的档案信息资源。

第二节　档案开发利用的经济条件

在经济时代，任何活动都需要一定的经济条件作为活动的基础，档案开发利用工作也不例外。档案开发利用的经济条件包括社会生产力水平、经济制度、经济发展规模和产业结构等。正所谓经济基础决定上层建筑，经济不仅是社会存在和发展的基础，也在相当程度上影响着档案信息资源的开发利用的力度和深度。与此同时，档案开发利用的繁荣也能促进经济的发展。建议各级人民政府和各专业主管部门增加对档案事业的必要投入(包括档案教育、档案科研、档案保护、档案征集、档案编纂出版等方面),逐年增加档案事业经费,使之与国家对社会事业总投入的增长保持适当比例。这是在认识到档案信息的经济效益基础上提出的,也是对档案经济价值的认可。在知识经济条件下,市场竞争日趋激烈,企业作为经济建设的主要战场,要取得好的经济效益,单靠现存生产条件组织生产、管理、销售等项工作,肯定是行不通的。只有积极开发利用档案信息资源,将档案信息与市场流通信息结合起来进行决策,规划组织生产,企业才能做出正确决策,进而提高市场竞争力。

以下,将对比我国东西部档案开发利用的差异,来分析经济条件悬殊对档案开发利用工作的影响。

(1)档案开发利用新途径:档案网站建设东西部差异巨大。档案网站是网络信息时代档案开发利用的主要平台,公众可通过档案网站远程浏览和查阅相关档案,实现档案信息的跨时空服务。

(2)档案开发利用创新研究:东西部差异明显。经济条件差异,在档案科研方面,也有着明显的体现。总的来说,经济条件影响了档案部门在档案科研方面的投入,进而影响了档案工作者科研的积极性,同时也影响了档案开发利用的水平。因为档案科研在一定程度上可促进本地区档案服务水平的提高,档案科研与档案开发利用二者是相辅相成的。

(3)档案开发利用人才的培养:东西部力量悬殊。经济条件的制约,使得我国档案教育及人才培养也呈现东西部差异。经济条件的差异不仅对档案开发利用的人才培养有着重大影响,对档案开发利用的新途径和新模式的影响也较大。经济条件越好的地区,档案开发利用研究的力度加大,档案信息服务的水平也相应较高。总的来说,国家和政府应加大档案部门的经费投入,改进档案管理设备,改变传统的档案管理方法,促进档案网站、数字档案馆建设的完成,进而开发更多更有价值的档案信息,更好地为经济建设服务,这是利国利民之举。

第三节　档案开发利用的技术条件

在现代信息社会,随着计算机技术、网络技术的高速发展及电子文件的大量涌现,档案信息的开发利用已经发生根本性的变革。档案信息的利用由传统的入馆查询向网络直接获取转变,各种档案信息借助于计算机网络得到了广泛的传播,利用者足不出户便可通过计算机网络实现对档案信息的异地查询和检索,也能根据自己的需要,自由地查找、阅览、下载所需要的档案信息;而档案信息也在现代化技术条件的支持下实现了其价值的快速、有效的开发。

一、网络技术的影响

(一)信息采集更新及时化

目前,大部分档案机构都建立了自己的局域网,通过联网可以直接将各类机关的现行文件收集起来。与传统的文件收集相比,网络信息采集具有及时、高效的特点。当然,档案部门还可以使用网络信息采集软件,它适用于网站定向数据采集、分析、发布,可以对指定网站中的任意网页进行目标分析,归纳采集方案,提取数据并保存在文件和数据库中,档案信息采集的实时性保证了档案信息采集的时效。另外,档案部门因此可以通过网络及时更新档案网站上的信息,以利于利用者对最新文件的利用。

(二)信息查找利用便捷化

档案信息网站建成之后,利用者可以直接利用网上的信息查询系统查找自己所需要的档案资料,不需要直接到档案馆查找档案,档案馆也可以在网上直接为利用者提供服务,提高了档案的利用率。通过联网档案馆不再只限于利用本馆档案,也可以为利用者提供他馆的档案信息或有关线索;通过网上查询缩短了档案馆与利用者之间的距离,提高了档案馆远程服务的能力。档案馆利用计算机和光盘检索系统查找档案资料,极大地提高了档案信息的检索速度,提高了查全率和查准率,节省了利用者查找档案资料的时间,同时也减轻了档案馆接待人员的劳动强度,使接待人员有精力对档案信息进行更加深入的研究和分析,为利用者提供高水平的服务。

对于利用者而言,档案查询的目的有很多,如汇编、统计、管理、提供服务等。其中提供服务是整个档案管理查询目的最为主要的一个,采用计算机检索技术可使检索查询变得准确、方便、快捷。另外,对于已开放的档案信息,还可以通过计算机网络实现资源共享,实施开放档案目录的社会化利用。

(三)信息实时交流有效化

信息网络的基本特征是信息组织开发的数字化和信息交流传播的网络化。与传统的文献资料相比,数字档案信息资源主要有以下特点。

第一,信息组织形式从顺序的、线性的方式转变为非线性的网络组织方式。

第二,信息存储形式从单一介质走向多媒体,使信息的存储、传递和查询更加全面方便。

第三,信息的传播与利用主要是通过互联网进行的。

随着网络技术的进步,传统的开发利用模式向网络化、数字化的信息资源开发模式转变,给档案信息资源管理的网络化建设提供了基础。档案部门充分利用网络灵活、迅速、便捷、高效的特点,加强档案信息的网络化建设。

目前,全国大多数省份都建立了档案信息网站。网络中有专门供档案专业人员和利用者进行交流的空间,如档案专业协会、讨论组、档案论坛、博客等。档案工作人员、档案学专家、档案利用者可以就某一问题在网上及时交流观点,展开讨论,实现信息交流。利用电子邮件,档案部门向利用者提供参考咨询、开展定题服务、传送检索结果和目录文件等,为利用者提供复制件乃至在技术许可的条件下提供档案证明,并随时接受反馈信息。网络中各种档案机构一般都清楚地列出本机构的电子邮件地址,鼓励利用者多提意见和建议。档案机构还通过网络发行本机构的电子刊物,将馆藏档案信息和档案宣传信息输送到特定利用者的邮箱内。利用者可以随时自主地订阅,以定期获取最新的档案信息。这些网络交流手段在世界范围内敞开了档案工作者之间、档案工作者与利用者之间交流的大门。

二、计算机技术的影响

计算机是档案管理现代化的物质基础和技术手段,具有高效率的信息化处理能力,通过其高速度的读入、存储和输出数据,能进行逻辑、推理和判断,因而在档案的开发利用中有着广泛的应用。

(一)信息存储容量增大

计算机系统由硬件、软件两部分组成,其中计算机系统的实际装置是计算机系统的基础和核心,一般由主机、存储设备、输入输出设备等组成。软件是计算机上可运行的全部程序的总称,包括操作系统、编译程序、文字处理系统、数据库管理系统、网络软件及其他各种软件等。其中数据库系统有着非常重要的作用。数据库系统是一种能把数据间各种联系有机结合,进行统一合理管理的系统。它由三部分组成,即数据库、数据库管理系统和数据库管理员。计算机由于其具有海量的存储空间,因而解决了传统纸质档案占空间、位置的难题。

(二)文档扫描录入加快

档案的来源很广,种类繁多,形式也非常多,其数据库的采集方式也就不一样,做起这项工作来显得相当烦琐,而采用计算机进行处理,就显得轻松自如。计算机可以对任意来源、任意形式、任意采集的数据进行加工管理,达到数据的有效性。从目前的使用情况看,大多数的档案数据是利用普通输入设备,如键盘的输入法、图文扫描仪、通信传输等技术作为数据采集的工具,并对信息进行加工整理。

档案工作现代化的一个目标是实现档案的数字化管理,建立档案的全文数据库。将纸质档案转换成数字档案有两种途径:一是通过扫描,将档案以数字图像形式存储和显示；二是通过文档一体化，将档案内容以虚拟的数字化形式即电子文件形式存档，建立档案的全文数据库。这两种方式对一般的利用者来说，可以使他们不看档案原件就能解决诸如时间、地点、文号、标题等的查询需求。特别是档案全文数据库，对于有研究、出版需求的利用者来说，可以非常方便地复制，然后在计算机上编辑，极大地提高了工作效率。

第四节　档案开发利用的法律条件

不管是传统档案的开发利用工作，还是数字档案的开发利用工作都必须遵守《中华人民共和国档案法》（以下简称《档案法》）等法律法规，以及遵守国家和政府部门制定的相关法律法规，如《中华人民共和国政府信息公开条例》（以下简称《政府信息公开条例》）、《中华人民共和国保守国家秘密法》（以下简称《保密法》）、《中华人民共和国知识产权法》（以下简称《知识产权法》）等法律法规。法律法规有一个不断发展与完善的过程，档案开发利用者需要不断关注最新的相关法律法规，并以新法律法规规范自己的工作，避免不必要的法律纠纷。

一、《档案法》的影响

《档案法》是档案领域的一部专门法律，是建设我国档案事业的法律依据，为档案信息资源的开发利用提供强有力的支撑。档案法律具有最高法律效力，其他任何档案行政法规、地方性档案法规和规章不得与之相抵触；地方性档案法规和档案规章不得与档案行政法规相抵触；国务院部门档案规章与地方政府档案规章具有同等效力，在各自的权限范围内施行。档案党内法规和档案军事法规在其权限范围内发挥效力，对某方面工作有规范和指导作用。

二、《政府信息公开条例》的影响

政府信息公开是建设公开透明的政府的需要，也是保障公众知情权的需要。政府信息公开可保证人民群众有效行使决策权、管理权和监督权，切实发挥人民群众在建设民主与法治国家中的作用，切实保护人民群众的合法权益。

档案信息作为政府信息的一部分，随着《政府信息公开条例》的实施，给一直遵行“保密为原则”的档案部门的档案开发利用带来了新的挑战。

（一）政府信息公开使档案工作由“隐秘”走向“开放”

档案部门参与政府信息公开工作，是新形势下对档案信息进行开发和利用的新机遇。《政府信息公开条例》第十六条明确规定:“各级人民政府应当在国家档案馆、公共图书馆设置政府信息查阅场所,并配备相应的设施、设备,为公民、法人或者其他组织获取政府信息提供便利。”这给档案馆赋予了新的角色,档案馆成为政府信息公开的主要部门之一。档案馆在履行政府信息公开义务的同时,也为档案馆馆藏档案信息的开发利用带来了便利和优势。目前各地在建的档案信息网站、数字档案馆等,就是新时期档案开发利用的新平台。通过这些新平台,一方面可向社会公开政府信息;另一方面可向公众提供档案信息服务,发挥档案的价值,提高公众的档案意识,使档案工作由“隐秘”走向“开放”,进而改变档案部门的公众形象。

(二)政府信息公开使档案工作从单层次的管理走向深层次的开发利用

一直以来,档案部门都延续着“重藏轻用”的思想,档案的价值得不到应有的发挥。档案工作人员也是处于被动状态,“查者给之”“不查者搁置之”档案工作在很大程度上就是一种简单的日常管理,更谈不上对档案价值进行深层次的挖掘。但是,从开始实行政府公开后,政务公开工作对档案工作提出了更高要求。档案不仅要管,而且要用,将有用信息挖掘出来,为政府部门所用、为人民群众所用才是最终目的。因此,档案开发利用成为各档案机构不可推卸的责任之一。

(三)政府信息公开迫使档案工作者改变服务方式:变被动提供为主动发掘

政府信息公开是一项政府服务行为,其成功与否很大程度上取决于服务状况。政府信息服务涉及面广,难度大,会面临各种层次、有各种需要的社会公众。为充分体现政府的公共服务职能,树立良好形象,提高成效,档案部门必须变被动提供为主动发掘,使公众满意,不能墨守成规,想开放什么就开放什么,想什么时候开放就什么时候开放。

三、其他相关法律的影响

档案中涉及的信息内容包罗万象,内容非常丰富,牵涉到各方面的利益。

(一)《保密法》的影响

从档案保密的角度来说,有的档案属于保密范围,有的档案属于公开范围。在档案开发利用过程中,就需要遵守《保密法》的相关规定,平衡档案安全保密与档案开发利用的关系。特别是网络技术环境下,档案安全保密尤其重要,如信息系统安全、网络安全、数据库安全、个人隐私和保密、商用信息安全、国家机密保护等。在这种背景下开发利用馆藏档案资源,就必须遵守《保密法》,坚持安全保密的原则,做好档案利用过程中的保密工作。

1. 加强制度建设

根据实际情况，对不同层次的利用人员确定不同的利用范围，规定不同的审批手续，使提供利用工作有章可循，在大力开展档案利用工作的同时，确保不失密、不泄密及文件的完好无损。

2. 加强监督措施

在开发利用中，要根据不同的利用对象的不同目的，掌握其心理和思想动机，加强利用过程中的监督，做到“三勤”：一是嘴勤，勤宣传查阅档案的制度与规定，勤与查阅者交谈，把握其查阅目的与动机；二是眼勤，勤观察动态，置每个查阅者于视线之中；三是手勤、脑勤，勤分析查阅者的情况和查阅效果，勤检查被查阅的档案，勤督促查阅登记制度的落实。同时，还要做到在利用者离去之前，仔细检查翻阅被利用过的案卷和文件，发现问题及时查处，并在利用登记簿上备注说明。对于损毁档案较为严重的违法行为，应及时报告有关领导，以便及时查处，挽回损失。

3. 加强档案鉴定工作

在档案开发利用过程中，根据《档案法》和《保密法》中的相关规定，做好档案内容的鉴定工作。如《中华人民共和国档案法实施办法》第二十四条明确规定，“各级国家档案馆对寄存档案的公布和利用，应当征得档案所有者同意”，避免因公开档案侵犯档案所有人的相关权益。

（二）《知识产权法》的影响

从尊重他人知识产权的角度来说，档案当中许多内容涉及他人的著作权、专利权、商标权等。如捐赠和寄存在档案馆的书稿等就涉及他人的著作权，企业档案当中就有很多档案涉及企业的核心技术，如企业专利信息、最新科研成果信息等。在档案的开发利用过程中，档案工作者就必须遵守《知识产权法》的相关规定，尊重他人的知识产权。《中华人民共和国档案法实施办法》第二十五条明确规定：“利用、公布档案，不得违反国家有关知识产权保护的法律规定。”可见，档案部门已经非常重视知识产权档案的管理与开发利用。

总之，档案开发利用需要依法而行，在法律框架允许的范围内挖掘出最有价值、最有潜力的档案信息，以发挥档案的社会效益和经济效益，进而规避相应法律风险。

第六章　数字档案资源展示技术

第一节　基于信息可视化的数字档案资源展示

在新环境下，WEB已经成为拥有最大用户群的信息平台。基于WEB技术，信息可视化技术被应用到面向开发利用的档案信息系统中，不仅可以向用户以更有效、更直观的方式展示数字档案资源，使档案用户以更快捷、更形象的方式获得需要的档案信息，还可以有效地实现档案资源的个性化推荐与信息交互，从而提高档案用户体验。

一、信息可视化与数据可视化

信息可视化源自数据可视化，涉及计算机图形学、图像处理、计算机辅助设计、计算机视觉和人机交互等多个技术领域，两者具有十分密切的关系。数据可视化（data visualization）技术指的是运用计算机图形学和图像处理技术，将数据转换为图形或图像在屏幕上显示出来，并进行交互处理的理论、方法和技术。数据可视化概念首先来自科学计算可视化（visualization in scientific computing），科学家们不仅需要通过图形图像来分析由计算机算出的数据，而且需要了解在计算过程中数据的变化。随着计算机技术的发展，数据可视化概念已大大扩展，它不仅包括科学计算数据的可视化，而且包括工程数据和测量数据的可视化。学术界常把这种空间数据的可视化称为体视化（volum visualization）技术。近年来，随着网络技术的发展，提出了信息可视化（information visualization）的要求，通过数据可视化技术，发现大量资源和数据中隐含的规律，从而为决策提供依据。

数据可视化技术的主要特点如下。

（1）交互性。用户可以方便地以交互的方式管理和开发数据。

（2）多维性。可以看到表示对象或事件的数据的多个属性或变量，而数据可以按其每一维的值，将其分类、排序、组合和显示。

（3）可视性。数据可以用图像、曲线、二维图形、三维体和动画来显示，并可对其模式和相互关系进行可视化分析。

目前常用的信息可视化工具有概念图、思维导图、认知地图、语义网络、思维地图等。

二、基于主题图的数字档案资源的可视化展示

主题图是一种用于描述信息资源的知识结构的元数据格式。作为信息管理和交换的国际行业标准(ISO 13250),它可以定位某一知识概念所在的资源位置,也可以表示知识概念间的相互联系。

(一)主题图技术概述

一个主题图就是一个由主题、关联及资源出处组成的集合体。主题图的应用领域主要包括数据库知识库建构、信息分类与检索、知识构建、知识导航、学科管理、信息集成、互联网、语义网等方面。

1. 核心内容

主题图核心内容可以概括为三个基本概念、三个辅助概念和一个概念模型。主题图通过 XTM(XML topic maps)来进行描述和标记,XTM 的基本组成单元是主题(topic)、资源实体(occurrence)和关联(association)。通常,主题、资源实体和关联被认为是主题图的核心概念。

三个辅助概念分别是议题标记(subject identity)、分面(facet)和范围(scope)。

(1)基本概念

①主题

主题可以是任何要表达的对象,抽象的知识和具体的实物都可以。主题的属性包括主题名称和主题类型。主题名称有基本名称、显示名称和排序名称三种,其中基本名称是必需的。主题类型即是主题所属的类型,可以看作具体主题的上位类。在抽象的知识资源体系中,主题类型可能表示名词术语、作者、年代等。每一个主题类型本身也可以是一个主题。

②关联

关联表示两个或多个主题之间的语义和逻辑关系。例如,"爱因斯坦"(主题类型为人物)发现了"相对论"(主题类型为物理定律),这两个主题之间就是"发现"和"被发现"的关系;"九寨沟景区"(主题类型为景点)和"九寨沟县"(主题类型为地区),这两个主题之间是"位于"的关系;"尘埃落定"(主题类型为图书标题)和"《红楼梦》"(主题类型为图书标题),这两个主题之间就是"并列"关系。关联同样可以被划分为不同的类型,形成不同的关联类型(association type)。如"发现""被发现"关联类型、"包含"关联类型、"位于"关联类型等。一个关联类型也是一个主题,在一组关联中包含的两个主题

被称为关联角色(association role),这两个主题都是这组关联中的关联成员(associalion member)。主题图中的联系可以是一对一、一对多、多对多,而且一定是双向的。也就是说在主题图中,如果主题 A 和主题 B 有关联,那么主题 B 必然和主题 A 有关联。关联是主题图的主要功能,通过关联的组织与连接可以形成关于某一个领域的知识网络。将主题图和知识推理相结合,就可以提供知识创新和更新的能力。

③资源指引

资源指引也被称为资源出处,是一个抽象的主题或概念所对应的"存在"形式。一个主题可以连接到一个或多个在某种层面上被认为与该主题相关或对应的信息资源,这样的信息资源被称为资源指引。一本研究报告、一个网页、一个视频等都可以作为某一主题的资源指引。当一个主题与一个资源指引连接起来后,用户便可以通过主题找到对应的资源。资源指引可以位于主题图文档内部,也可以位于其外部,分别被称为内部资源指引(internal occurrence)和外部资源指引(external occurrence)。外部指引通常是存储于全球信息网络的信息资源,是可以通过 URI 识别存取到的资源。同样,资源指引与主题和关联关系一样也有不同的类型,成为资源指引类型(occurrence type)。例如,"专著""文章""插图"等都可以认为是不同的资源指引类型。

(2)概念模型

主题图的概念模型分为两层:信息资源集合(下层)和知识地图(上层)。主题及其主题的关联关系构成的领域知识结构属于知识层,而具体的信息资源则为信息层。对于同一个信息资源而言,在其上抽象归纳于概况而创建的主题图可以不同,因此,可以理解为知识层构成的主题图覆盖在信息资源层之上。主题图通过资源指引揭示主题图知识层与信息资源层之间的关系,从而形成一个完整的主题概念层次模型。

XML 和 URI 是支持 XTM 的两大关键技术。XTM 定义了用于描述主题图的 DTD 文件,是用语法实现主题图的基本方式。由 XTM 标记的基于 XML 的主题图文件,简单说,就是一种组织、表达信息,或者说数据的方式。现实世界中的事物都是一个对象,每个对象都有着自己的状态(如名字、存在地点)及行为(与他人发生联系的方式)。这个对象在主题图中的反映就是一组主题,这些主题同样也包含自身状态及行为,如主题的名称、资源出处及它与其他主题间的关联。因此,一个主题图就是由一个主题、联系、资源组成的,主题、联系、资源构成了主题图概念中的三要素。构建主题图的思想是将信息归为两类,即主题、资源地址或者相关信息,然后再建立各种信息内容之间的联系,从而实现对信息的组织。

2. 应用现状

主题图的实际应用研究主要集中在知识管理、WEB 应用和语义挖掘等领域。国内学者关于主题图的研究和应用基本上开始于 21 世纪初期,理论研究主要是在对国外研究成果引进的基础上,开展主题图生成、主题图合并算法、主题图技术与其他相关技术方法的研究等。应用研究主要集中在对信息和知识的导航、专业领域和学科领域的知识管理、基于主题图的信息和知识组织与检索的研究等。

3. 相关工具

随着主题图技术的不断发展,目前已经出现了一系列专门建立和管理主题图的工具,包括 TM4J(Topic Maps for Java)和 Ontopia 等开源主题图引擎(Ontopia 创始人 Steve Pepper 和 Lar Mars Garshol 创立了主题图商业网站 http://www. ontopia. net)、Jninigator 和 Protege2000 等主题图可视化浏览与编辑工具,在主题图约束语言(topic maps constraint languag,TMCL)与主题图查询语言(topic map query language,TMQL)开发及主题合并等方面也都取得了很大进展。目前,主题图的开源软件主要有 SemanText、TM4J、ncxist、Goose Works Topic Map Toolkit、Ontopia 等,其中使用最多的是 TM4J 和 Ontopia 的 OKS(Ontopia Knowledge Suite)开源软件。

(1)OKS 知识开发组件

OKS 是由 Ontopia 公司开发的一个完整主题图应用工具集。OKS 主要用于创建、维护、配置主题图应用程序,是目前最完整、功能最齐全和使用范围最广的开源主题图工具。OKS 最新版本,包括主题图引擎、主题图导航框架、主题图浏览器 Omnigator,主题图可视化工具 Vizigator,WEB 编辑框架、全文文本查询引擎、关系数据库后台支持、主题图查询引擎等。

(2)TM4J 主题图开发工具

TM4J 是一个用 Java 写的主题图引擎,是主题图应用开发的核心支持平台。它为主题图的开发提供了一个开放源码的 Java 开发包,其核心是一组提供主题图解析、管理和存储的 JavaAPI,TM4J 为主题图的处理提供了不同的存储方式,它支持基于内存、基于关系数据库及面向对象数据库的存储。

TM4J 具有两个特点:一是关联浏览(associative browsing),以主题图技术建立的资源库,通过为资源内容定义丰富的交互链接的结构,为用户提供方便的浏览方式。通过关联浏览的方式,用户从一个主题出发,可以迅速地进入该主题指向的所有资源,并可以通过主题之间丰富的关联,在任意感兴趣的主题中漫步,进而选择相应的知识资源。二是基于主题图的查询。基于主题图技术建立的资源库,能为用户提供库之间的更高层的抽象。通过查询引擎,可以主题的方式将不同资源库中的相关资源链接起来,而无须考虑实际资源的存储方式与所处位置。

(二)基于主题图的数字档案资源的可视化展示

使用档案元数据来组织和共享档案资源时,元数据按照档案元数据标准来组织。这对于档案的规范和共享有一定帮助,但对档案的内容及档案之间的相互关系则揭示不够,特别是元数据体系基本上不具备概念推理能力,不能提供档案检索和共享所需的知识支持。主题图技术可以改善元数据组织中存在的这种缺陷。

在档案数字化建设项目中,尝试使用主题图技术,实现档案信息检索系统的可视化展示,并且可以提供高效率的搜索引擎,使用户在面对海量的档案信息时,能够有效地加以应对;对相关档案资源进行分类,起到一种搜索导航的功能,可以使用户快速找到他们所需要的档案信息。另外,建立各档案信息间的多元化关联,为进一步分析处理档案信息打下基础,有效地帮助档案管理和利用者进行档案资源的进一步开发。利用Ontopia的可视化组件可以实现基于主题图技术的档案信息资源可视化导航和检索。

三、档案图像可视化展示

档案图像的可视化展示是可视化技术应用的重要方面。响应速度一直是基于WEB的档案信息检索系统成功的关键要素,用户的期望总是在不断地提升。

(一)档案图像的可视化展示

1. 存在的问题

网站反应性能不仅受到带宽低、内存小和处理器性能低的影响,而且受网页比以前更大等问题的影响。更大的网页会影响终端的显示性能,对于移动端的性能影响更严重,因此,延迟显示和下载缓慢等问题日益突出。

2. 解决方法

越来越多的研究已经证明,即使是页面加载时间方面的细微改善,都可以带来更多的用户和更好的用户满意度。在过去,WEB开发者都是基于改善硬件或者提高带宽速度来优化用户体验。但是,最近几年,开发者更多地通过优化后端和前端的性能来满足用户的性能预期。对于档案信息检索系统而言,档案图像的可视化展示中,检索效率更为关键,因为通常档案图像所占空间较大,更需要解决图像展示的性能问题。改善其性能的主要策略并不因为终端的差异而有变化,主要采用策略优化的方式。

一般说来,对于任何应用终端,WEB页面展示需要的时间中,主要是用来加载额外的如样式表、脚本文件、图像资源和执行客户端的程序。就前端而言,一般改善性能的策略是减少每个页面需要获取额外资源的HTTP请求数,减少每个请求加载的大小和优化客户端执行的优先级与脚本执行的效率。例如,可以通过整合资源、使用浏览器缓存和本地缓存、消除重定向、减少资源负载、压缩文本和图像、调整图片大小、简化页面、优化客户端的程序处理、延迟特定内容渲染、延迟读取和执行的脚本、增强进程、根据网络状况进行适配处理等方式来进行优化。

目前,网络上各大论坛,尤其是一些图片类型的网站上,在图片加载时均采用了一种名为懒加载的方式,即当页面被请求时,只加载可视区域的图片,其他部分的图片则不加载,只有这些图片出现在可视区域时才会动态加载这些图片,从而节约了网络带宽和提高了初次加载的速度。

(二)基于图片分块加载技术的档案可视化展示

由于档案数字化图像通常较大,基于WEB浏览档案图像时,需要通过可视化技术,解决图像在网页上加载速度的问题。

1. 基本方法

Google地图是一种可以在网络浏览器中查看的地图服务。Google的地图服务采用了先进的AJAX(Asynchronous Javascript and XML)等技术来提升用户的浏览体验,通过异步通信使浏览网络地图就像是浏览本地地图一样流畅。在档案信息检索系统的开发中,可以采用仿Google地图技术,对需要加载的图片在加载前按一定的尺寸进行分块处理,并保存到缓存区,然后再分块加载每张图片。同时,使用图片延时加载技术,只加载当前屏幕需要显示的图片块。当在图片浏览器中移动图片到新的位置时,新的图片块再加载显示。

由于档案图像的特殊性,加上网络环境的差异性,尤其是校园网的带宽制约,档案可视化展示中普遍存在网页加载速度较慢、呈现速度不一和用户体验较差等问题。在档案可视化展示中,可以采用图片分块加载技术提高档案图像的浏览体验。首先,要通过特定的算法将档案图像分割成一系列图片进行存储和管理来解决图像信息与计算机有限资源间的矛盾,并且提高大幅图像的细化速度。同时,为了能快速连续浏览大范围图像信息,非常有必要设计出一种合理的图片内存组织结构,采用合理的加载技术来实现档案图像的动态显示,并保证其显示的连续性。因此,在档案图像显示阶段,可以采用专门的静态加载技术和动态加载技术,在不影响连续性显示的前提下,利用特定技术可以较为流畅地实现档案图像的平移、缩放等功能。很好地支持用户对档案图像的浏览功能。

2. 应用效果

在档案数字化建设项目的应用系统开发中,由于尝试采用了图片分块加载技术等技术手段,并且通过对数据结构和系统性能的不断优化,目前已经开发的系统里,可以有效地降低图片加载时间,加快页面渲染速度,提高脚本执行效率,使之具有良好的用户体验。

第二节　档案资源展示平台

档案资源展示平台是指以数字档案资源为主要内容,以面向用户的资源共享为目的,以信息技术及其软硬件设施为手段而构建的档案资源共享系统。档案资源展示平台以对传统纸质档案资源的数字化为基础,是拓展档案资源开发利用、发布档案资源开发成果的重要途径,尤其对历史档案的开发利用具有重要的推动作用。

一、档案资源展示平台

档案资源展示平台需要根据用户对档案的利用需求,结合档案信息资源的特点,利用信息组织、信息检索、信息可视化等多种技术,以突出服务、展现资源为目标,按照一定的原则、规范和标准,对数字档案资源进行科学的描述和揭示,为档案资源提供基于网络的展示平台,向用户提供有序的、动态的、适用的档案资源利用和共享的服务,实现对档案资源开发、利用、共享的协调发展。

作为目前应用最为广泛的提供网络服务的方式,WEB 不仅可以集合图形、音频、视频等多种信息并有效地展示,而且具有通用性好、信息动态更新快、对客户终端要求低等特征,是当前架设在线资源服务的主流选择。因此,在设计档案资源展示平台架构时,通常选择使用 WEB 技术,构建基于 B/S 架构的应有服务系统。

二、主要应用系统

在档案数字化建设项目中,以馆藏历史档案数字化成果和相关数字资源为基础,以档案服务和共享为目标,充分展示档案管理和文化的融合特征,开发了多个不同类型的档案资源展示系统,初步构建了以较为完善和系统的档案资源展示平台为主体的基于 WEB2.0 的综合化集成式档案资源开发管理服务系统。

(一)历史档案信息发布系统

在馆藏历史档案数字化后,产生了大量的档案案卷级和文件级目录、档案扫描图像和全文著录文档等数字档案资源,使得利用计算机网络通信技术向用户提供历史档案的开发利用和资源共享成为可能。在档案数字化成果基础上,开发和建设集档案展示、开发和利用为一体的历史档案资源展示系统具有明确的需求和重要的意义。

1. 建设目标

本系统的建设目标是面向用户展示历史档案数字化图像,提供一个开放式、可交互的历史档案查询与利用平台。在这个资源共享平台上,用户可以根据相关关键词(例如,姓名、地点、职务、事件等)在平台上检索,快速查阅所需的档案数字化图像。系统根据用户提交的关键词,自动地从档案目录和档案全文中检索出匹配的档案资源,并以图文并茂的方式呈现给用户。系统的建设理念与传统档案管理软件的思想不同,面向专业和非专业档案利用人员,用户不需要掌握与档案管理相关的基础知识。为提高系统与用户的可交互性,结合当前社会化网络技术的发展,系统向用户提供基于社会化标签的档案资源信息组织和检索服务。

2. 系统需求

确定系统的总体目标后，需要明确系统的功能和性能，即需求分析。对于 WEB 架构的系统，需求分析应从四个方面展开，即系统界面需求、系统功能需求、系统性能需求及系统安全需求。

(1)系统界面需求

WEB 系统设计之前，明确系统界面的风格和色调是非常重要的。通常情况下，应选择与相关系统具有相同的风格和色调。但也应基于系统展示对象、系统目标用户群、系统建设目标等一致。

在界面风格方面，系统以档案数字化图像为主要展示对象，以档案利用人员和对文化历史感兴趣的人员为主要用户群体，因此，应选简洁明快或具有历史厚重感的页面设计风格，而不是卡通型、购物型或企业宣传型等风格。

(2)系统功能需求

WEB 应用系统的功能需求一般包括面向用户和面向管理员两方面的功能。下面分别从这两个方面分析系统的功能需求。

①面向用户的系统功能需求

根据系统总体建设目标，面向用户的系统功能应以突出资源、突出服务为重点，主要体现在档案图像的展示方法和展示效果、用户获取资源的便捷性、用户与系统的交互性几个方面。

a. 档案图像展示需求

用户查看档案图像时，通常要求档案图像能快速加载，且能够自由地放大和缩小，以满足对档案文字的辨识的需求。在对档案图像不做任何处理，使用传统一次性加载图像的方式下，图像加载往往会耗时较长，尤其是在网络带宽不充裕的情况下，问题将更加严重，甚至会导致图像加载失败，降低系统的可用性。如果对图像做压缩处理，以适应网页显示需求，则可能由于图像质量的下降，导致一些文字无法辨识，降低用户的体验。因此，系统设计时，需要采取技术手段，以满足档案图像的展示需求。另外，用户在查看档案图像时，容易迷失在图像中而不知当前档案图像在整个档案中的位置，因此，在显示档案图像的同时，也列出与当前档案图像有关的全宗、案卷、题名、标签等信息也是非常重要的。

b. 社会化标签相关功能

社会化标签的应用是本系统的一个特色，旨在利用用户对每件档案提交的社会化标签来实现对档案资源信息再次组织，也是实现用户与系统交互特性的体现。因此，需要向用户提供向系统提交标签和使用标签的功能。为保证系统的可操作性，应在不影响用户对当前档案图像浏览的情况下提供标签、提交功能，且用户可以一次性提交多个标签。用户提交的标签是用户对档案的个性化标识，系统应提供基于标签的检索功能，以实现用户在检索功能上的个性化。

c. 档案检索需求

面对大量的档案信息,功能强大的检索将极大地提高用户获取资源的速度和准确性。资源检索功能的优劣主要体现在检索速度、检索结果的准确性和完整性上。档案数字化形成的档案目录和全文是实现档案资源有效检索的基础。

档案检索界面的复杂性是影响系统吸引力的一个重要因素。检索时,需要用户选择和输入的项目越少,越容易吸引用户使用系统。因此,系统提供一个快速的综合检索通道是非常重要的。例如,百度、Google 等搜索引擎的简单便捷,给用户带来了很好的搜索体验。基于已经建立了档案的目录库和全文库,基于目录中各字段信息和全文信息进行综合检索,将极大简化面向用户的查询接口的复杂度,且提高档案检索的全面性。为提供多功能的检索服务,系统需要向用户提供多个接口,分别面向不同的用户,包括基于目录和全文的快速统一检索;灵活的多条件、多字段的单一或组合检索。同时,为便于用户在操作过程中重新开始新的检索或进行相关性检索,进一步缩小查阅档案的范围,还需要在系统的多处提供重新检索和二次检索功能。

d. 用户功能

由于资源展示平台具有用户特性,因此提供用户注册、用户登录、用户个人信息管理等功能是非常必要的。考虑到平台的主要用户群体和用户对个人信息隐私的保护问题,结合后期基于用户兴趣的档案资源推荐的需求,用户注册时,需要包括用户名、登录密码、用户真实姓名、邮箱地址、身份(学生、教师、历史研究工作者、其他等)等信息。为方便用户的使用,平台还需要在多个位置提供用户登录、用户注销退出、用户密码修改、找回密码、用户个人信息修改等基于常规用户使用功能。从平台安全性的角度考虑,用户注册、用户登录等功能需要用户必须输入随机验证码,以防止被自动化注册和登录尝试。另外,用户注册时,还需要对用户输入的登录密码的强度进行限制。

②面向管理员的系统功能需求

资源共享平台的可使用性和灵活性,在很大程度上取决于系统提供的面向管理员的功能。因此,详细地分析系统面向管理员的功能是非常重要的。

a. 基本需求

一般来讲,对资源的管理包括资源的添加、修改、删除、检索等功能。对资源的添加管理就是需要向管理员提供手工录入档案目录信息、提交档案图像、提交并提取档案全文的功能。提交档案图像和档案全文时需要通过浏览器向服务器提交存放在本地的档案图像文件与档案全文文件,全文内容实现自动提取。资源的修改功能主要涉及对档案目录信息的修改,档案图像的更换、添加和删除,档案全文内容的追加和替换。

系统提供历史档案的资源展示,需要将历史档案资源信息导入到资源共享平台中。由于历史数字档案资源数量庞大,通过手工录入的方式显然是不合理的,因此,系统需要有批量导入档案目录、图像和全文的功能。同时,由于目录、图像和全文是有相关性的,因此在批量导入数据时,还必须同时实现图像、全文与目录的正确挂接。另外,为提高管理员的工作效率,该功能需要具有良好的可操作性。

为了确保系统的分级管理,系统应该具有设置分级管理员的功能,应该能够根据需要向不同级别的管理用户授予不同的权限。

由于用户提交的标签需要管理员审核后才能使用,因此需要向管理员提供对用户标签的审核功能。为提高管理员审核标签的效率,用户提交的标签需要以时间逆序排列,并且能够通过筛选,向管理员分别列出未审核的标签、已审核的标签、审核未通过的标签等。对于每一个需要审核的标签,为能够快速审核,需要在列出每一条需要审核的标签时,同时显示当前档案对应的全宗名、档案号、正题名,并且给出档案对应的档案图像查阅和档案全文查阅的链接。

b. 性能和可扩展性需求

WEB 系统的性能需求一般涉及对系统的可访问性、响应速度及可扩展性的要求。

a)在可访问性方面,要求系统有比较良好的兼容性,对客户端的软硬件没有较多的要求。目前,有许多 WEB 浏览器被广泛地使用,而不同的浏览器对 JAVASCRIPT、ACTIVEX 及一些插件的支持情况不同,为确保用户对资源共享平台的正常访问,需要保证平台对主流浏览器的支持和兼容,例如,Internet Explorer、360 浏览器、Google Chrome 等。尤其是需要浏览历史档案图像所使用的插件技术必须得到这些主流浏览器的支持和兼容。

b)在响应速度方面,历史档案资源管理平台的两个主要的性能瓶颈主要在档案图像的加载速度和资源检索速度两方面。为提高历史档案图像的可读性,往往会选择比较高的分辨率对档案进行扫描,这使得档案图像的存储尺寸偏大,一般在 500K~2M 之间,幅面较大或较长的档案图像甚至会达到几十兆。不对图像做任何处理的情况下,通过网络一次性在浏览器上完全加载的速度一定会很慢,因此需要采取一定的技术措施,处理好图像快速加载的问题。

c)在可扩展性需求方面,由于档案资源数量大,数字化资源占用的存储空间也较大,尤其是档案数字化的图像或档案视频资源。传统的 WEB 系统在设计时,所有的资源都必须位于网站的根目录下。当资源占用空间较大时,就必须为 WEB 系统选择一个足够大的磁盘逻辑分区来部署网站。这对物理存储的逻辑分区的划分设计带来了影响。因此,可以将不同的档案资源放在非 WEB 站点根目录,且可以保存在不同的目录下,甚至是不同的逻辑分区的不同目录下,通过在站点中的配置,以实现资源的访问。

在资源检索速度方面,由于需要从档案目录和全文中快速检索出与检索词相关的档案资料,面对大数据量的快速检索,将对使用的检索技术提出一定的要求。

c. 安全需求

为提高系统的安全性,平台需要对用户添加标签的功能有一定的约束,例如,未登录/匿名用户访问系统,仅提供检索功能和历史档案数字化图像的浏览功能,不能向平台提交个性化标签;用户针对特定的图像添加标签,一次可以添加多个标签,但所有提交的标签必须经过系统管理员审核。审核通过后的标签可以用户检索,未通过审核的标签不能使用。这样,可以防止不符合国家政策的信息被恶意用户提交到系统中并展示给所有用户。

(3)系统需求文本

在已有的历史档案数字化成果基础上,建立历史资源管理系统,向用户展示历史档案数字化成果。本项目需要形成以下成果。

①建立用于历史档案数字化成果展示的数据库,包括目录库、图像库和全文库。

②建立基于 B/S 架构的历史资源管理系统。

3. 平台体系架构设计

系统采用 B/S 架构,基于形成的历史资源专题库,使用主题图技术、可视化技术,向用户提供基于目录的档案检索服务、基于全文的档案检索服务、基于可视化的档案检索服务、基于主题图的档案检索服务。同时,系统向系统管理人员提供档案数据的导入与导出功能、档案数据管理和维护功能、主题图信息管理功能、用户管理功能。

4. 系统开发设计思想

本系统采用基于 SOA(Service-Oriented Architecture)的程序设计。SOA 即面向服务的体系结构,通过模块化的方式,以一种松耦合的方式将应用程序的不同功能单元(称为服务)通过服务之间定义良好的接口和契约联系起来。接口采用 XML 定义,使得构建在系统中的服务可以以一种统一和通用的方式进行交互。与传统的软件开发相比,SOA 具有基于标准、松耦合、共享服务、易于集成等特点,该软件复用性好,灵活性与可扩展性好,可以按需求快速定制系统的应用功能和业务流程。

本系统中,通过对数字档案资源管理和利用目的分析,抽象出构件的组成规则及约束条件,将构件大致分为以下三类。

(1)基础构件

基础构件主要承担系统平台的管理功能,包括数据库管理、权限管理、安全审计等功能模块。当需要扩展逻辑子系统时,可通过基础构件的封装管理二级应用系统。

(2)通用构件

通用构件包括查询类(高级查询、简单查询、自定义查询、组合查询)、统计分析类(登记表、关键字库、打印输出)、数据维护类(新增、删除、修改、排序)、原文查阅类(电子原文、图像、音视频)等信息管理及业务管理共用的功能。

(3)特殊构件

特殊构件包括查询类(基于主题图的检索、基于可视化的检索)、管理类(主题图信息维护等)。

本系统在基于构件分类基础上,按功能模块独立开发,充分利用构件的可重用性,极大地提高了平台开发的效率,降低了开发管理难度。

本系统以工作流设计器和工作流引擎作为业务流程实现的底层支持。可以把工作流引擎当作一个状态转换机,它主要控制档案业务过程和活动的创建、激活、挂起及终止等状态,实现了历史档案资源业务定制与应用的自定义及权限控制的有效绑定。

(1)功能完整全面。工作流引擎由工作流执行服务、工作流引擎、流程定义工具、调用应用、管理监控工具组成。

(2)模型简单成熟。概念模型符合 WFMC(WorkFlow Management Coalition)标准,易于理解接受。基于成熟工作流建模理论的流程控制模型,使用很少的图元就能够构建复杂、强大的工作流程。

(3)轻量级可移植。可以根据需要裁减到最小模式使用。可以选用各种操作系统、数据库和应用服务器。

(4)架构清晰开放。系统各模块或各层次之间有着清晰的接口,支持灵活的替换插拔。

(二)网上展览馆

展览馆是传播信息的重要场所。网上展览馆是指运用信息化技术手段对实体展览馆的各个方面进行数字化处理,并运用网站开发技术和数据库技术构建网络虚拟展览馆。网上展览馆的建立,为进一步推进实体展览馆的教育和文化宣传功能有着重要的作用。建立网上展览馆后,参观者不需要受时间和地点的限制,可以随时随地参观,节约参观者的时间。对用户来说,能够随时重温知识,了解新信息。网上展览馆与实体展览馆的线上、线下的组合,更能充分发挥展览的作用。而网上展览馆的受众多、传播广、手段丰富、成本低廉等优点,可以有效弥补实体展览馆的缺点和不足,是资源的深度开发和利用的一个趋向。

1. 基本思路

随着计算机和通信技术的发展,计算机网络已经渗透到人们的生活和工作的各个方面,人们交流、传递、获取信息的方式已经发生了深刻的变化。

3D 技术主要特指基于计算机和互联网的数字化的三维立体技术,也就是三维数字化,包括 3D 软件技术和硬件技术。三维数字化技术是基于计算机和网络的数字化平台的现代工具性基础共用技术,包括 3D 软件的开发技术、3D 硬件的开发技术,以及 3D 软件、3D 硬件与其他软件硬件数字化平台和设备相结合在不同行业与不同需求下的应用技术。3D 技术的应用普及,有面向影视动画、动漫、游戏等视觉表现类的文化艺术类产品的开发和制作,有面向汽车、飞机、家电、家具等实物物质产品的设计和生产,也有面向人与环境交互的虚拟现实的仿真和模拟等。3D 技术在各类展览和信息展示中的应用正在成为热点。根据现有的信息展示技术的发展趋势,展览馆计划在档案数字化工程实施中,开发制作多维展示的 3D 版的网上展览馆。

2. 版面设计

网站为参观者提供自动播放和手动播放两种模式浏览。自动播放模式是根据用户选择的参观起始点开始,向后自动按顺序展示后续的每张展板图像。每张展板图根据内容的不同,自动播放的时长不同。自动播放过程中,配有背景音乐或解说词,参观者可以像在实体展览馆参观一样,观看展板图的同时伴有解说员的解说。手动播放模式是参观者根据自己的喜好,选择感兴趣的内容浏览,浏览时间由参观者自行决定。手动播放模式与自动播放模式相比,灵活性更强。而且在手动播放模式下,增加了对展板图中特定内容的超链接,链接到放大图或相关的网页、音频文件、视频文件等,便于参观者更进一步了解更详细的内容。

网站版面设计中,充分考虑导航的清晰与易操作性。网站大部分页面设置关联导航信息,使参观者能够方便地切换到其他感兴趣的主题展览展厅或专题展览展厅或回到网站的首页。

3. 业务功能

(1)主题展览管理功能

网站的后台管理提供对主题展览的导航配置、展厅创建与更新、展厅展板图像发布与更新等功能。展板图的发布与更新时,可以针对每张展板图设置不同的自动播放时长;对每张展板图独立设置背景音乐或解说词;对每张展板图中的部分内容或全部内容设置图像放大效果、音频文件(如解说词等)、视频文件等。

(2)专题展览管理功能

网站在后台管理中提供与主题展览相同的管理功能。由于专题展览的主题一般随时间而变化,同时展出的专题展览的数量不确定,因此后台管理提供增加、删除专题展览的功能,并在专题展览导航页面中体现更新情况。为适应各种不同主题的专题展览,同时兼顾页面的统一效果,专门设计了多套通用的主题背景,供新增加的专题展览使用。

(3)用户管理功能

为保证网站发布的内容真实、可靠,必须得到授权的人员才能进入网站后台管理系统,进行信息的发布和修改,因此用户管理功能是必不可少的。首先,用户必须通过登录系统的验证,才能进入网站后台管理系统。登录验证的信息包括用户名、密码以及具有一定安全强度的随机验证码。只有正确输入这些信息的用户才能成功进入网站后台管理系统。其次,网站后台管理中支持对网站用户的添加、删除、修改密码、用户组分配、用户权限分配等功能,以支持不同权限级别的用户完成不同的网站管理功能。

4. 网站的性能要求

网上展览馆作为实体展览馆的必要补充,网站必须能够为参观者提供方便快捷的服务。首先,网站合理设计,运行过程中对服务器的资源耗费较少。其次,网站设计中考虑对不同网络环境用户的适应性,对访问终端性能和网络带宽的要求不宜过高,能够满足绝大部分潜在参观者的访问需求即可。

三、档案资源共享平台发布与推广

为进一步发挥档案资源的社会效益，必须以各种途径向用户展示档案机构的各种特色资源，尤其是数字档案资源及其编研成果。

（一）基本思路

1. 以官方网站为中心

要充分利用现代信息网络，以档案机构官方网站为中心和主体，通过档案机构网站建设和运行实现数字档案资源共享。在社会信息化进程日益深化、知识经济日趋形成的今天，现代信息网络已经成为实现资源共享与服务的重要平台。在当今信息技术环境下，档案机构应该充分有效利用网络平台并发挥其强大的作用。要以档案机构网站为中心，加强官方网站的内容建设，通过现代信息网络集中整合分散的各种档案信息资源，并与其他档案机构、图书情报机构和文化博物机构等开展协同服务，实现网络信息资源和文化资源的共建共享，彻底打破时间和空间的限制，促进数字档案资源服务效益的全面实现。

2. 采取多元化手段和途径

在数字档案资源共享中，要不断转变思想观念，创新服务机制，采取多种有效的形式和手段，实现档案管理服务形式多样化、服务手段灵活性、服务效果的高效化。要不断提高档案机构的综合服务能力，创新数字档案资源开发利用机制，变封闭独享为开放共享，变被动服务为主动服务，变单一化服务为多样化服务，变统一服务为个性化服务。同时，要积极引进和采用新的信息技术来丰富服务手段，扩展服务空间，精化服务手段，优化服务效益，切实满足社会多元化的档案信息服务需要。

（二）主要方式

1. 档案馆官方主页

网站向用户展示馆藏的各类资源，包括馆藏数字化资源、文件、编研成果及特色资源。

2. 其他资源展示平台

除了利用档案机构官方主页发布档案资源共享相关系统外，还可结合管理服务实际，通过数字化阅览室、触摸展示系统、宽幅展示系统、自助点播系统等多种方式发布和利用档案资源共享信息，以实现全方位、多途径的档案资源展示与推广。

（1）数字化阅览室

为进一步方便档案利用者对数字档案资源的查阅和利用，为加强档案信息安全管理，在档案数字化建设项目实施过程中，借鉴传统档案阅览室的思想，建立专门的数字化阅览室,为档案信息检索、资源共享等信息服务提供物理平台。

①基础设施建设

数字化阅览室内配置电子档案阅览用的计算机、缩微胶片阅读器、恒温恒湿柜、打印机、扫描仪等基本设备。

a. 所有计算机连接到档案馆的局域网中,档案利用者可以通过档案管理系统和历史档案发布系统查阅电子档案。基于 IP 地址的限制,得到授权的档案利用者在数字化阅览室内可以打印、下载历史档案数字化图片,且可以提供无水印处理的原始档案数字化图片。每台计算机均配置了 DVD 光驱,可以用于查阅档案光盘中的档案数字化信息。

b. 缩微胶片阅读器用于缩微胶片内容的查看。根据缩微胶片目录、编号和题名,档案利用者可在档案管理人员的协助下,取出指定的缩微胶片,并通过缩微胶片阅读器浏览胶片中的图片内容。

c. 恒温恒湿柜主要用于为档案数字化光盘和缩微胶片提供一个恒温、恒湿,符合标准规范的稳定保存环境。

d. 数字化阅览室内还配置了 A1 扫描仪、工程复印机/扫描仪,可以方便为档案利用者实时提供部分档案的数字化图片,包括一些尺寸较大的档案或基建图纸的扫描件或复印件。

②规章制度建设

数字化阅览室的建设需要相应的管理制度,以确保数字化阅览室正常地向用户提供服务,同时对阅览室内的设备进行管理和维护。在数字阅览室开展档案利用活动时,需要遵循事先制定的管理制度。档案馆基于本馆实际,可制定相应的《档案馆数字和缩微档案阅览室管理制度》。

(2)触摸展示系统

触摸屏是一种接收屏幕触碰信号做出响应的感应式液晶显示装置。当接触到屏幕上的按钮或链接时,触觉反馈系统根据预先的设置驱动各种连接装置。简单的一套完整触摸屏展示设备包括一台电脑主机和一个感应式的液晶显示装置。触摸屏展示装置具有操作简单、提供与用户交互的功能,可以向到达现场的用户提供便捷的线上档案资源利用服务。考虑到档案馆和展览馆的消防安全问题,对每套装置设置为每天工作时间自动开机、非工作时间自动关机。在档案馆的触摸屏展示系统上进行配置,开机默认打开档案馆的官方主页,向用户提供各类档案服务咨询和档案资源共享平台的入口。在展览馆的触摸屏展示系统上配置为开机默认打开网上展览馆的主页,结合实体馆向用户提供线上、线下的综合服务。

(3)宽幅展示系统

宽幅展示屏是以大尺寸的液晶显示屏等方式向用户主动推送信息的一种方式。分别在档案馆和展览馆安装不同规格的宽幅展示屏,向用户展示档案管理的相关规章制度、重要档案资源的数字化图像等。同时，根据不同时期档案业务的需要，通过调整展示屏显示内容，即时向用户推送档案服务、其他服务的最新资讯和成果。

（4）自助点播系统

为提高用户参与性，在展览馆设计开发自助点播系统，集中提供视频资源的点播，重点突出档案资源的教育功能。

（5）与其他开放资源共享平台的关联

为更大程度地拓展档案资源信息，帮助用户对档案资源的理解，将档案资源的一些关键信息与其他开放资源共享平台之间建立关联。同时，要通过将关注的关键词提交给资源共享平台的查询接口，即可实现相关资源的关联检索和信息服务。

第七章　数字档案资源开发管理

第一节　数字档案资源长期保存

在完成对纸质档案的抢救性数字化工作后，形成了大量的数字档案资源。这些数字化资源对保护档案和提高历史档案开发利用的效率有着重要的作用。因此，必须采取一定的策略和方法，对形成的大量数字档案资源进行长期保存，确保数字档案资源在一个长期的过程中，被方便、安全、可靠地获取和利用。

一、数字档案资源长期保存的基本含义与相关标准

(一)数字档案资源长期保存的基本含义

数字资源的长期保存是一个长期的过程，通过对数字信息的有效保存，可以确保资源的可用性、耐用性和完整性。数字档案资源长期保存包括工作规划、资源分配、实施保存和技术保障等内容，以确保数字档案资源持续保持可访问性和可使用性。从本质上来说，数字资源长期保存有长期存储和长期可获取两个方面的含义。

在数字档案资源长期保存实践中，必须确保保存的数字档案资源长期的完整性、可理解性、原创性、真实性和可访问性。由于数字档案信息和一般数字信息一样，具有对存储媒体的依赖性、数字信息的动态性、技术更新周期的短暂性、数字信息的不安全性及数字信息对标准的依赖性等特征，因而面临着许多挑战。例如，数字档案资源的保存采用各种不同类型的磁盘、光盘、磁带等数字存储介质物理载体，存储载体的寿命决定了保存的数字资源的寿命；数字档案资源的读出、还原等对计算机软硬件技术有较强的依赖性，这些技术的时效性威胁着数字档案资源的可持续获取和对数字资源内容的可使用性；数字档案资源具有易更改性，在保存和使用的过程中容易被修改；一些数字档案资源结构复杂，在存储、压缩、传递、迁移等过程中，容易造成数据的丢失；数字档案资源的信息形态更具多样化和复杂化，信息与载体分离，脱机后处理不当会直接影响到数

字信息的完整性；信息技术依靠大量数据的高密度堆积，小事件也可能造成大的损失，自然灾害、人为灾害（包括网络安全攻击）等都使数字档案资源在长期保存过程中的完整性和可用性受到挑战；数字档案资源因技术更新而进行迁移、仿真等技术处理过程中，信息资源的内容和相关软件可能涉及创建者、拥有者或投资者在知识产权上的权益，使得数字档案资源长期保存面临着严峻的知识产权的挑战；数字档案资源长期保存工作的开展需要提前投资，在数据采集、数据管理、数据存储和管理人员等方面更需持续地投入资金，档案机构有可能存在资金长期投入不足的问题，使数字档案资源长期保存工作缺乏资金等投入性保障。

（二）数字档案资源长期保存的相关标准

在数字档案资源长期保存的标准化中，通常以某一公共标准进行数字资源的存储、描述、组织与检索，比较重要的标准有开放档案信息系统（open archival information system，OAIS）、保存元数据（preservation metadata，PREMIS）、元数据编码和传输标准（metadata encoding & transmission standard，METS）、元数据对象描述模型（metadata object description schema，MODS）等。

其中，OAIS 是由美国空间数据系统咨询委员会（consultative committee for space data systems，CCSDS）联合制定的标准，规定了数字资源长期保存的术语、概念和参考框架，确定了一个存档系统的基本功能，提出了一个管理数字对象和信息包的信息模型。其在一致性方面起了很重要的作用，并逐渐成为数字资源存储项目共同遵循的标准，被广泛用于开发保存工具和存储系统。

二、数字档案资源长期保存的策略与方法

由于数字档案资源长期保存面临着载体寿命有限、技术过时、存取安全、法律与知识产权、政策与资金支持等一系列问题，在开展数字档案资源长期保存前，应根据数字档案资源的保存目的、计算机软硬件发展、数据保存载体、国内相关法律保证、政策支持、资金支持等状况，结合需要长期保存的数字档案资源特点，确定合理的数字档案资源长期保存的策略与方法。

（一）数字档案资源长期保存的策略

在制定数字档案资源长期保存策略时，主要应考虑以下几方面问题。

1. 存储介质

在选择数字档案资源长期保存的存储载体时，主要考虑以下原则。

（1）选择能确保数据的真实性和完整性的存储介质。可追加数据的介质和可擦除介质存在允许增加数据和修改数据的安全风险，难以从法律上证明或从技术上鉴定数

据是否被更改,不可选择这样的存储介质作为数字资源长期保存的存储载体。

(2)选择具有较高安全性的存储介质。应高度关注存储介质的耐久性,不可选择有效寿命短暂的存储介质。对外界环境敏感,容易受存储环境、外力等因素影响而丢失数据的介质谨慎选择。

(3)选择技术寿命较长的存储介质。技术寿命短的介质需要数据迁移的频度越高,数据丢失的风险就越大,应选择具有稳定市场支持、达到相关工业或行业标准的存储介质。

2. 保存周期

数字档案资源保存周期长短的确定是数字档案资源保存中一个非常重要但又难以解决的问题。如果保存周期过长,会导致保存成本过高;如果保存周期过短,可能会因技术更新换代、文件损坏和载体发生故障而损失一些重要而有价值的资源,给用户带来巨大损失。因此,保存周期应综合考虑数字档案资源的类型、生命周期、质量和价值、重要程度和未来使用的概率等因素来确定,以使保存成本最小化,保存利益最大化。目前国内外相关机构和学者关注比较多的是数字资源长期保存的周期。对该周期的确定,不同学者和机构的认识不尽相同。美国空间数据系统咨询委员会认为,保存周期应该长到无须考虑因技术和软硬件环境变化、载体故障、文件损坏、数据格式变化及用户社区变化而导致的数字资源获取困难或失败问题,并且这个期限可以拓展到无限期的将来。任何项目的数据保存和获取周期应该不少于 10 年,其中临床或主要社会、环境和重要遗产项目的数据,应该保留 20 年,当然能够永久保存或按资助者的数据政策中要求的保存周期保存更好。从数字档案资源来讲,基于可获得性和可读取性的需要,长期保存的周期应尽可能比较长。

3. 保存技术

数字档案资源长期保存的技术策略主要包括存储备份策略、更新策略、转换策略、迁移策略和技术典藏策略等。

(1)存储备份策略是建立在满足数字档案资源长期保存需求,同时又便于用户对数字档案资源的存取与利用的存储备份机制上,如数字档案资源的异质备份、异地备份、分布式保存策略及云存储策略等。

(2)更新策略实现数据流从旧存储介质转移到新存储介质,防止由于存储介质理化性能变化引起的信息丢失,解决存储介质损坏带来的问题是一项需要常规实施的策略。

(3)转换策略的目的是实现多种异质介质并存时,不同介质信息内容的有效保存。实现转换策略由于成本高、工作量大,在资源的结构、内容等方面可能出现丢失现象,可能影响数字档案资源的真实性和完整性。

(4)在数字档案资源的长期保存过程中,由于软硬件设备的更新换代、技术的发展,以及存储格式标准的过时与作废,数据迁移是必然面对的一项活动,需要对原有数字档案资源的内容、格式或结构采用新的标准进行转换。迁移策略的目的是在数字档案资源迁移的过程中，确保数字档案资源的真实性、完整性、可用性和可理解性，防止因迁移造成数据的丢失。

（5）技术典藏策略是收集技术过时的计算机软件、硬件及相关附件设备，保存数字资源原始运作的环境，利用它们来读取已过时的技术存储设备的信息，实现数字档案资源的长期保存。

4. 安全管理

数字档案资源长期保存的安全管理策略是通过建立相关安全管理制度，确保数字档案资源在形成、积累、保管和利用的各个环节中的安全性，确保档案数字资源的真实性、完整性和可用性。建立的安全管理策略应以领域或行业为单位建立与之适应的数字资源长期保存的管理机制和制度体系，针对数字档案资源长期保存活动的各个环节，设立相关责任人，并明确责任人的职责。

5. 合作保存

数字档案资源长期保存涉及经济、文化、技术和法律等方面，单凭档案机构独立地进行数字档案资源的长期保存存在较大的困难，需要多机构、多方面、多形式的合作与支持。

6. 经济投入

数字档案资源长期保存是复杂的系统工程，需要持续的高成本的技术与管理投入，经费问题是数字资源长期保存需要重点考虑的问题。包括数字档案在内的国外数字资源长期保存的经济策略主要有获取国家和地方政府的研究与开发经费支持、各参与方共同分担、建立专门的数字资源保存研发基金、数字保存资金预算管理和周期成本计算、国家或政府机构专项投资、寻找赞助商等。在国内档案数字资源长期保存实践中，还形成比较有效的可以推广的经济投入模式。

7. 风险管理

数字档案资源长期保存不仅耗时长，而且具有动态变化性，需要考虑数字档案资源长期保存过程中可能出现的各种风险，制定相应的风险策略。目前国外数字保存实践采取的风险策略主要有通过合作开发和建立联盟的方式，以降低保存成本，提高保存效果；通过建立保存网络和构建责任体系的方式，以建立风险发生时的快速反应和处理机制；通过建立数据定期备份机制，以避免数字资源丢失的风险；通过应用仿真、封装和迁移技术，以避免技术更新导致的数字资源获取失败的风险；通过资金预算风险管理，以避免资金断链或不足等。在国内档案数字资源长期保存实践中，也形成比较有效的可以推广的风险管理模式。

（二）数字档案资源长期保存的方法

1. 主要方法

数字档案资源长期保存有多种方法，可以按照以下方式划分。

(1)根据保存介质划分

根据数字档案资源保存介质的不同,数字档案资源保存的方法主要有磁盘保存、磁带保存、软盘保存、光盘保存、缩微胶片保存等。使用不同的资源保存介质,可以使数字档案资源的保存成为异质备份。

(2)根据保存目的划分

根据保存目的的不同,数字档案资源保存方法主要有在线存储和离线存储。

①在线存储

在线存储主要指利用计算机和网络存储技术对数字档案资源进行保存。在线存储是工作级的存储,其最大特征是存储设备和所存储的数据时刻保持"在线"状态,可以随时读取和修改,以满足前端应用服务器或数据库对数据访问的速度要求。最主要的在线存储是磁盘存储。早期的在线存储设备主要是服务器内置硬盘,随着存储的发展,在线存储设备还包括光纤磁盘阵列或 SCSI 磁盘阵列等磁盘设备。使用在线存储方式保存数字档案资源,可以提高档案资源的查阅效率,但其容易受到磁盘设备可靠性与网络安全问题的影响,不适合数字档案资源的长期保存。

随着全球网络化不断发展,数字资源的保存面临着网络安全问题带来的威胁。保存数字资源的计算机系统可能感染病毒、遭受黑客的入侵,数字资源本身在形成过程中可能遭受病毒感染,其在写入计算机存储介质或在不同的介质之间迁移过程中可能感染计算机病毒。数字资源一旦遭受病毒侵蚀和黑客破坏,将导致数字资源的可用性和完整性被破坏,甚至瞬间全部丢失,无法恢复。另外,工作人员在使用和处理存储的数字资源时,误操作、误删除等也会对数字资源造成破坏。

②离线存储

离线存储主要指利用离线介质对数字档案资源的保存,如使用磁带库、光盘、胶片等对资源的离线存储。离线存储所使用的介质通常具有较好的稳定性,且介质离线存储,数字资源信息不易被更改和破坏,因此适合用户数字资源的备份和长期保存。

(3)根据保存目的划分

根据数据资源存放地理位置的不同,数字档案资源的保存方法可划分为本地保存和异地保存。

2. 异质备份方法

(1)存储介质与归档策略

①存储介质

对档案资源保存而言,除纸介质之外,主要的存储介质有三种:一是磁性类介质,包括磁带、磁盘、磁卡、磁鼓等;二是光盘类介质,包括只读、可擦写光盘;三是感光类介质,包括缩微胶片、胶卷等。

由于技术发展的必然性和存储介质寿命的有限性,从理论上讲,没有任何一种计算机存储介质可以考虑用来长期存档。在可预见的未来,不可避免的是需要定期将电子记录迁移到新介质上。精心选择的存储介质可以最大限度地延长迁移周期，简化更新过程，以确保数据尽可能安全。一般而言，在选择存储介质时应从以下几个方面考虑。

a. 寿命（longevity）

选择的存储介质应已证明至少有 10 年的寿命。但是寿命比 10 年更长，并不一定就具有优势。因为，在更长的时间跨度内，用于读取这些介质的驱动技术过时造成的问题往往会成为比物理介质本身损坏阻碍数据长期保存更严重。

b. 容量（capacity）

选择的存储介质提供的存储容量应与将要存储的数据的数量和可用的存储设备的物理尺寸相适应，要尽量减少管理的实际介质的数量。

c. 可行性（viability）

所选的存储介质和驱动器应具有强大的支持读取和写入数据错误检测方法，最好提供数据写入完成后的媒体完整性测试，当发生数据丢失时有成熟的数据恢复技术可用，存储介质应该是一次写入或有可靠的写保护机制以防止意外删除和维护数据的证据完整性。

d. 过时（obsolescence）

选择存储介质时应考虑相关的软硬件成熟度，其应用技术建立在良好的市场支持和广泛的使用的基础上。优先选择采用开放标准的存储介质和驱动器，而不是那些使用单一厂商专利技术的存储介质和驱动器。

e. 成本（cost）

选择存储介质应考虑以单位字节的价格为基础的成本，包括存储介质自身的成本和总拥有成本（Total Cost of Ownership，即必须购买和维护的软硬件成本及存储介质的成本），必须考虑相关驱动器故障前的支持成本和引用的平均时间。

f. 易受影响性（susceptibility）

选择存储介质应选择不容易受到物理损坏及能够适应较广泛环境条件而不发生数据丢失的存储介质。

在选择存储介质时，一般可以使用存储介质选择记分卡的方式进行，对每种存储介质按标准以 1~3 分进行打分（1 分表示不满足标准，3 分表示完全满足标准），低于 12 分的存储介质不予以考虑。

在使用存储介质记分卡的评价过程中，还应充分考虑存储介质类型的变化。例如，CD-R 是许多不同的染料和金属层的组合，在评估的 CD-R 是具有金属反射层和酞菁染料类型的。最近的研究表明，这些都是最稳定的，并具有最大寿命。另外，将数据的副本保存在不同种类的存储介质上比存储在不同类型的同一种存储介质要好很多，这将降低存储数据对技术的整体依赖性。当使用同一种存储介质不同类型的存储保存数据的多个副本时，应选择不同品牌或癖好的存储介质，以减少因特定制造商或批次问题带来的数据丢失风险。

②归档策略

对数字档案资源进行异质备份是数字档案资源长期保存的主要方法之一。为进一步保护档案,档案异质备份将档案信息转移到其他介质上,对档案进行各种形式的复制,形成多种档案副本,实现档案信息的多种介质存放。对馆藏纸质档案进行数字化是目前各级档案部门对纸质档案异质备份通常使用的方法,但对纸质档案数字化的结果或者直接生成的电子档案进行多种方式的异质备份也十分必要。

在档案资源存储中,一般采用如下三种归档策略。

a."单套制"侧重保存

对参考作用大、信息价值高和保管期限短的档案,采取以磁性类、光盘类介质为主,纸介质或感光类介质为辅的归档策略;对凭证价值较高、保管期限长的档案,则采取以纸介质或感光类介质为主,磁性类、光盘类介质为辅的归档策略。这样不但能提高档案管理、利用效率并优化馆藏,还能减少馆藏档案的体积,缓解库房面积紧张的现状。

b."双套制"并行保存

对列入归档范围的纸质文件和电子文件分别归档,形成内容完全相同、彼此独立完整的两套档案。其中,一套纸介质或感光类介质档案按传统档案管理方式进行管理保存;一套磁性类、光盘类介质档案按电子档案管理方式保存。在电子档案存储的磁性类、光盘类介质耐久性保存的问题尚未彻底解决之前,它将与纸质档案或感光类介质档案在较长时间内并存。这种策略是一种比较稳妥的做法。

c."多套制"交叉保存

对列入归档范围的档案按磁性类介质、光盘类介质、感光类介质、纸介质等分别归档,形成内容完全相同、彼此独立完整的多套档案。档案可在介质之间相互转换,一方面原来保存的纸质、胶片类档案数字化,转换成磁性类、光盘类介质电子类档案;另一方面将磁性类、光盘类介质电子档案转换成纸质、胶片类档案。实现同一份档案的多种介质的交叉存放,确保档案的长期保存和最终可读。

对纸质档案数字化的结果或者直接生成的电子档案进行多种方式的异质备份,尽管存在着人力、财力、物力的大量消耗,但站在长久记录人类社会发展历史和维护档案安全的高度来看是值得的,其根本原因就是确保电子档案的绝对安全。但是在目前的条件下,并非与电子文件有关的所有内容都一定需要进行异质备份,这样做有可能浪费有限的资源,必须明确电子文件的哪些内容需要进行备份,因此,确定电子文件异质备份的任务非常关键。

一般文件具有的凭证价值是通过其所包含的内容信息、结构信息、背景信息等基本要素决定的。电子文件异质备份的任务就是要对电子文件的内容信息、背景信息和结构信息进行有效备份,维护电子文件的真实性、完整性和长期可读性。

(2)磁盘阵列存储

①主要方式

基于磁盘阵列的数据存储主要有以下三种方式。

a. 直接外挂存储(direct attached storage,DAS)

这种存储方案的服务器结构如同 PC 机架构,外部数据存储设备(如磁盘阵列、光盘机、磁带机等)都直接挂接在服务器内部总线上,数据存储设备是整个服务器结构的一部分,同样服务器也担负着整个网络的数据存储职责。DAS 这种直连方式,能够解决单台服务器的存储空间扩展、高性能传输需求,并且单台外置存储系统的容量,已经从不到 1 TB,发展到了更大容量。随着大容量硬盘的推出,单台外置存储系统容量还会上升。此外,DAS 还可以构成基于磁盘阵列的双机高可用系统,满足数据存储对高可用的要求。

b. 网络附加存储(network attached storage,NAS)

NAS 全面改进了以前低效的 DAS 存储方式,采用独立于 PC 服务器,单独为网络数据存储而开发的一种文件服务器。NAS 服务器集中连接了所有的网络数据存储设备(如各种磁盘阵列、磁带、光盘机等),存储容量可以较好地扩展,同时由于这种网络存储方式是 NAS 服务器独立承担的,所以,对原来的网络服务器性能基本上没什么影响,以确保整个网络性能不受影响。它提供了一个简单、高性价比、高可用性、高扩展性和低总拥有成本的网络存储解决方案。

c. 存储域网络(storage area network,SAN)

SAN 不是把所有的存储设备集中安装在一个专门的 NAS 服务器中,而是将这些存储设备单独通过光纤交换机连接起来,形成一个光纤通道的网络,然后再与企业现有局域网进行连接。在这种方案中,起着核心作用的是光纤交换机。它的支撑技术就是光纤通道协议,即 ANSI 为网络和通道 I/O 接口建立的一个标准集成,支持 HIPPI、IPI、SCSI、IP、ATM 等多种高级协议。在 SAN 中,数据以集中的方式进行存储,加强了数据的可管理性,同时适应于多操作系统下的数据共享同一存储池,降低了总拥有成本。

显然,当需要提供在线 WEB 档案查询与利用服务时,最适合的方式是基于 SAN 的存储方式。这种存储方式虽然成本较高,但其稳定性与高可用性成为首选。

②存储架构

在档案管理系统建设中,采用 SAN 模式实现基于磁盘阵列的档案数字化信息存储。基于 SAN 的光纤连接存储模式,确保了数据的快速访问。为确保存储系统的可靠,采取设备与链路冗余的方式构建档案数据存储架构:一是链路冗余,即两台光纤交换机保证了服务器与存储阵列之间的光纤通道的冗余。二是设备冗余,即两台磁盘阵列设备,一个用于提供在线的数据服务,另一个用于数据的在线备份;两台服务器互为备份,用于向用户提供稳定可靠的档案查询和利用服务。

考虑到新采购硬件设备的稳定性情况及项目的经费预算情况,档案馆降低了对整体存储结构的冗余设计要求，将服务器和光纤交换机分别减少为 1 台。

③安全策略

为确保基于磁盘阵列存储的数字档案资源安全，需要制定相应的安全策略，并按照安全策略要求，实施相应的安全保障机制，保护档案数据安全。基于对档案数据的安全保护，档案数字化建设项目专门制定了以下安全策略。

a. 制定专门的服务器机房管理制度，并按管理制度要求实施机房的安全管理。

b. 条件允许的情况下，部署网络安全防护设备，确保数据的安全，如防火墙。

c. 条件允许的情况下，部署 WEB 安全防护设备和软件，确保数据的安全，如 WEB 防火墙、网页防篡改系统等。

d. 定期对服务器、磁盘阵列等运行状态巡查，以确保相关硬件允许的稳定与可靠。

e. 定期对数据进行全备份和增量备份。

f. 定期对服务器进行维护，及时对操作系统、应用程序、数据库等的漏洞进行修补和加固。

g. 定期对服务器操作系统、存储系统、应用软件等进行漏洞扫描和安全测试，及时修补存在的安全问题。

由于机房环境对磁盘阵列的使用寿命有着极大的影响，因此在服务器机房的建设方面，档案数字化建设项目参照相关要求，开展了以下工作。

a. 对原有服务器机房进行改造，安装防静电地板，安装机房专用空调设备，机房房间做防尘处置。机房空调 7×24 小时工作，确保机房的温度稳定。

b. 根据服务器、磁盘阵列等设备功率情况，计算用电总负荷，改造机房供电线路。

c. 购买标准的服务器机柜，将服务器、光纤交换机、磁盘阵列均安装在机柜中。

d. 规范机房网络布线，并预留足够的网络接口到机柜。

在安全维护上，根据制定的安全策略要求，开展了以下活动。

a. 对服务器操作系统进行安全加固配置。例如，启用操作系统防火墙，并根据提供服务情况正确配置防火墙策略；关闭系统中不必要的服务；配置本地安全策略和系统审计策略；定期修改服务器登录密码（均为强密码）等。

b. 对服务器上的网站系统进行安全防护。部署硬件的 WEB 应用安全防火墙，并根据网站服务情况进行合理配置；配置网站日志记录选项，限制用户对日志文件的访问权限；对已有网站代码进行安全审计，修补代码漏洞等。

c. 开展数据备份。对数据库进行配置，实现每日对数据库数据的自动全备份；每月对网站数据进行全备份；每月对网站配置信息进行全备份；每次修改网站文件前，对相关文件进行备份。由于数字化后的档案数据形成后，基本没有变化，因此档案数据备份两份，一份备份在主存储阵列，另一份备份在备用存储阵列。

d. 定期到机房检查服务器、存储阵列、交换机的运行情况。

e. 定期检查服务器系统、数据库系统及网站的运行日志，并使用日志分析工具进行安全分析。

f. 定期使用安全漏洞扫描工具对服务器和系统的安全漏洞情况进行检测。

g. 关注公开的各类系统漏洞信息，及时修复服务器系统存在的漏洞。

④进一步思考

使用磁盘阵列对数字档案资源进行存储，便于对数字档案资源的开发和利用。但是，由于磁盘阵列具有一定的不稳定和不安全性，需要配合运用其他的档案资源长期保存方式。

随着档案数字化工作的进一步展开和办公自动化的实施，数字档案资源的数量将快速增长，直接存储方式将很快不能满足档案数字化的存储需求。由于不同厂商的存储硬件和软件产品存在不兼容特性，在选购存储设备时，容易受到厂商锁定的限制。随着档案业务重要性的提高，对业务系统运行连续性的要求也随之提高，传统停机模式下对硬件设备进行维护的方式将不适应业务发展的需求。因此，采用存储虚拟化技术将有效地解决这些问题。存储虚拟化技术是指通过映射或抽象的方式屏蔽物理设备复杂性，增加一个管理层面，激活一种资源并使之更易于透明控制。简单地说，存储虚拟化对存储硬件资源进行抽象化表现，将存储资源虚拟成一个“存储池”，这样做的好处是把多个分散的存储资源整合起来，统一按需分配，从而提高存储的整体利用率，并降低系统管理成本。同时，存储虚拟化技术也解决存储阵列的不兼容问题，通过对存储的虚拟化，用户可以采购任何支持虚拟化技术的存储产品，而不受品牌的限制。

在现有基于光纤 SAN 的存储架构下，可以通过选购存储虚拟化产品，方便快捷地过渡到存储虚拟化解决方案上。

(3)光盘备份

在数字档案的脱机备份、异质备份和异地备份工作中，光盘以其存储适量、不可更改、寿命较长、价格低廉、便于查找、数据可监测和寿命可监测等突出特点已经在档案行业得到普遍认同。

①主要优势

随着《信息技术、信息交换和存储用数字记录媒介光学媒介档案寿命的评估实验方法》等标准和规范的公布实施，档案级光盘产品的上市及光盘备份技术的成熟与完善，光盘已经成为电子文件和电子档案的长期安全保存的有效载体之一。

当选择长期保存的存储介质类型为 CD-R 或 DVD-R 光盘时，还应按照我国档案行业标准《电子文件归档光盘技术要求和应用规范》(DA/T38—2008)中的规定，选择符合规范要求的光盘。档案级光盘是专为重要数据长期保存而设计开发的优质光盘。电子文件采用 CD-R/DVD-R 归档时，应使用档案级光盘，并明确标记档案级光盘的技术指标。光盘符合规范要求，称为“档案级光盘”，规范要求光盘保存寿命大于 20 年。

目前，市场上常见的光盘多是信息记录光盘，信息记录光盘追求的是信号不丢失和可刻录性，光盘寿命不是重点追求指标。光盘的寿命随着光盘质量的不同也存在明显差异。档案级光盘以光盘信息长期保存为目标，在追求信号不丢失和可刻录性基础上强调光盘的保存质量和保存寿命，保证光盘信息的长期可读。由于信息记录光盘和档案级归档光盘产品设计目的不同，所采用原材料、制作工艺、检测标准、检测指标、购买价格不同，产品特征特点和应用领域也不相同。因此，档案级光盘是数字档案长期安全保存的有效载体。

②光盘备份技术

光盘备份技术是由一系列的专业技术方法和专业设备共同构成，主要包括光盘选择、光盘制作、光盘检测、光盘管理和光盘应用五大部分。

a. 光盘选择

在选择光盘时，需要考虑光盘记录方式、光盘记录格式、光盘容量、光盘级别、综合经济性等指标。

a）根据光盘记录方式划分，光盘包括只读光盘、一次写入光盘、可重写（多次写）光盘。一次写入光盘是一种能够使计算机内的数据通过刻录光驱将数据复制到其上的光盘。数据写入后，光盘上的数据无法添加、删除或修改，即只允许用户向光盘中写入数据，且只能写一次。一次写入光盘可以保证数据在写入光盘后不会被修改或删除，适用于具有凭证特性的数据，当然也适用于数字档案资源的保存。

b）根据光盘记录格式对光盘进行划分，主要包括 CD 光盘、DVD 光盘、BD 光盘（蓝光光盘）等。CD 光盘的容量一般为 650~700MB，DVD 光盘容量为 2. 58~4. 7G，BD 光盘的容量一般为 50 TB，读取这些光盘的驱动器向下兼容。目前，CD 光盘和 DVD 光盘在数字档案资源的保存上应用较为广泛。

c）根据光盘级别的不同，光盘可分为普通级和档案级。档案级光盘是耐久性到达特定要求的可记录光盘，归档寿命大于 20 年。档案级光盘与普通级光盘的区别在于，档案级光盘注重刻录数据的“可保存性”，而非普通光盘的“易刻录性”，因此在品质上比普通光盘更为严格。档案级光盘根据符合的标准不同，又分为国际档案级光盘和国家级档案光盘。国际档案级光盘是指满足 ISO/IEC10995 国际标准的档案光盘，而国家级档案光盘是指满足 DA/T38—2008 标准的档案光盘。普通光盘适用于一般的信息传播性记录的保存，而对凭证性数据的长期保存则应选择档案级光盘。对数字档案资源的长期保存，通常应选择档案级光盘。

在选择用于数字档案资源长期保存的光盘时，还需要综合考虑光盘的经济性指标，包括光盘的盘片、制作、检测、管理、保存和人工等多项成本。除此之外，还需要考虑需要长期保存的数字档案资源的总量，因为综合成本与数据总量有直接的关系。综合多项因素，目前 DVD 档案级归档光盘成为电子文件（档案）长期安全保存的首选。

档案馆在选择对历史数字档案资源的光盘保存时，基于以上所述，并根据形成的数字档案资源重要程度、资源总量、异质备份的方式、成本等诸多因素，结合当前市场上档案级光盘的品牌和质量情况，选择 JVC 国际档案级可打印的 DVD 光盘（符合国际标准

ISO/IEC10995 要求的光盘)作为档案数字化数据光盘备份的载体。

选择好需要采用的光盘类型后,需要根据形成的档案数字资料的数量、形式、内容等确定光盘的刻录要求,主要包括刻录内容的分盘原则、刻录记录的组织格式、光盘盘面设计、刻录套数等。

b. 光盘制作

光盘制作的实质是数据迁移,将业务系统的数据完整、准确、有效地迁移到光盘上。光盘制作又可划分为数据获取、数据处理、光盘刻录和盘面印刷四个部分。在制作前,应确定光盘制作套数。一般而言,归档光盘按查阅使用频度,分成普通级和频繁级。其中,普通级归档光盘一式三份,一份供查阅使用,一份封存保管,一份异地保存。频繁级归档光盘一式三份,一份采用防划型国际档案级光盘供查阅使用,一份封存保管,一份异地保存。在选择档案级归档光盘时,可适当采用 CD-R 光盘、DVD-R 光盘和 CD-R 与 DVD-R 格式混搭的方式。

光盘制作的步骤如下。

a)数据获取

数据获取包括获取对象选择、文件检索,背景数据提取、数据导入。获取对象选择包括数据库文件、本地文件和移动介质文件;文件检索主要包括依据设置的条件查找目标对象文件;背景信息提取包括依据规范提取对象文件、数据库表格及元数据;数据导入包括将获取的对象文件、目标文件和背景文件导入制作系统。

b)数据处理

数据处理包括格式转换、文件封装、文件排序、数据分盘和目录抓取等数据迁移前的处理准备。数据分盘,对前期处理的数据按照选择的光盘格式、光盘容量等相关约束条件进行设置,由制作系统自动分盘,也可以选择人工分盘;在分盘规则确定之后,制作系统自动进行文件目录抓取。为光盘的管理和光盘应用提供条件。

c)光盘刻录

光盘刻录包括匹配性选择、刻录倍速选择、光盘刻录应注意的问题。

一是匹配性选择。刻录光驱与驱动程序的识别匹配、光驱固件程序与光盘写策略的识别匹配。刻录光驱与驱动程序的识别匹配,直接影响不同类型文件的刻录成功。在光盘确定的情况下正确选择刻录光驱是一个容易被忽略的问题。在人们已有的常识中,光盘和刻录机是兼容的。但是,档案级光盘刻录工作是一个专业的工作操作,有着明确的质量检测指标、寿命年限和成品率的要求,因此,刻录光驱匹配性是保证刻录质量的一个重要因素。有试验数据表明,不同型号的刻录机对于光盘指标有影响,光驱固件的写功率和写策略对于 CD-R 光盘的块错误率 BLER、DVD-R 光盘的内码奇偶校验错误 PIE 参数有直接的影响。在实际工作中有诸多关于光盘未知的问题正是源于匹配性问题。CD-R、DVD-R 光盘的数据刻录应分别选用 CD-ROM 和 DVD-ROM 刻录光驱。选用刻录光驱应能识别档案级光盘的最佳写功率和写策略。执行大批量光盘刻录之前应对刻录光驱与光驱驱动程序的识别匹配性、固件程序与光盘写策略的识别匹配性进行评估测试。

二是光盘刻录倍速选择。对CD/DVD刻录最佳倍速选择应该是该光盘最高倍速的0.6倍左右。CD-R的最高倍速是,刻录应采用24~30倍速,DVD-R的最高倍速是,刻录应采用8~12倍速。倍速太低影响工作效率,倍速太高影响刻录质量。

三是光盘刻录时应注意的问题。进行刻录操作的计算机应为专用设备,不得操作与光盘备份无关的任何操作,以保证系统的正常与无病毒污染。数据刻录应采用全盘一次刻完方式,不能对光盘数据进行增减。禁止在光盘的信息记录面的数据区书写标识;禁止在光盘的印刷面粘贴任何标识。档案级光盘的数据刻录工作环境应有良好的通风条件。光盘刻录前,必须在工作环境中放置两小时以上。

d)盘面印刷

盘面印刷包括图案、文字、编号和条形码的设计与印刷。印刷可划分为两类,即印刷盘面和可打印盘面。印刷盘面为胶印、激光雕刻、喷墨和热转印四种,适合光盘长期保存的方法有胶印和热转印两种。

一胶印。光盘在出厂时已经印刷的盘面,一般为套色胶印。这种印刷方式对于光盘的动平衡会产生影响,在图案设计时应考虑到油墨对于光盘动平衡的影响。胶印适合于大批量生产,成本最低。

二热转印。在光盘的印刷面设置可热转印的材料涂层,经专用的热转印单元形成图案、文字。其色彩丰富艳丽,分辨率高,防水、防划、防褪色,制作效率高,适合大批量生产,但制作成本相对较高。热转印较适合作为档案级光盘盘面印刷。

c.光盘检测

a)偏心度

光盘上的平台和凹坑以光盘中心为圆心呈螺旋形轨道由里向外延伸。偏心度描述的是螺旋形轨道的圆心与光盘中心偏离程度。偏心度过大会使激光束偏离轨道,不能正确读取平台和凹坑信息。

b)翘曲度

光盘凹坑的深度一般为1/4波长,从凹坑反射回来的光比平台反射回来的光多了1/2波长的光程,正好与入射光相差1 800,光强被减弱,由此来读取平台和凹坑的信息。翘曲度描述的是反射光与入射光的平行程度。如果翘曲度过大,反射光会偏离入射光,无法准确读取平台和凹坑信息。

c)反射率

反射率反映光盘反射层的反射能力。

d)寻轨错误

寻轨错误反映激光束跟踪平台和凹坑轨道的偏离程度。

e)聚焦错误

聚焦错误反映激光束对光盘信息层聚焦的偏离程度。

f)归一化高频信号

归一化高频信号反映光盘上凹坑的深度。

g)信号对称度

信号对称度反映平台与凹坑的差异程度。

h)抖晃

抖晃反映平台或凹坑的长度偏离标准值的程度,把数以万计的平台或凹坑长度测量后统计得出。

i)奇偶校验内码错误

在特定的数据量内,由于平台或凹坑长度偏差导致数据出错的数量。

j)奇偶校验外码失败

在特定的数据量内,平台或凹坑长度偏差导致数据出错严重并且无法纠正的数量。

d. 光盘管理

光盘盘片主要由盘基、保护层、存储介质(记录层)导向槽与盘套等部分组成,为了更好地保管光盘档案,档案工作人员需要了解光盘的组成要素及其特性。根据光盘组成材料的不同成分,在保存时需要尽可能地延长光盘基础材料和记录介质材料的耐久性。

在保存光盘档案时,需要从以下几个方面加强防护。

a)保持空气质量

氨气等碱性物质对光盘的片基材料有较大的破坏作用,能使片基变成黑色,光学特性发生显著变化。因此,光盘的保管环境要远离使用有机溶剂的工厂和实验室。

b)调控合理的温湿度

光盘保存适宜的温度为 17~20 ℃,适宜的相对湿度为 35%~45%,且每天温度的变动不应超过 2 ℃,湿度每天的变化范围不应超过 5%。建议保存光盘的环境装有自动恒温、恒湿的空气调节装置;库房的外围防护结构应采取必要的隔热、防潮措施;采用通风、除湿与密闭相结合的方法,以调控库房的温湿度。

c)避免光照

光线不仅影响染色层记录数据,而且还会使盘基的高分子材料加速老化,也会使磁性载体材料发生氧化反应,使盘基老化。紫外线对光盘档案的破坏力更大,紫外线的能量足以破坏磁性载体中剩磁的稳定性,导致信号衰减,影响光盘记录信息的读写结果。所以,光盘的保存要注意避光。一方面,要控制自然光直射库房;另一方面,要减少库房内人工光源对光盘的破坏,尽可能不让人造光源与光盘接近。库房的窗户也要采用帘幕遮光或其他避光措施。

d)保持库房的清洁度

灰尘对光盘的损坏主要有物理损坏、化学损坏和生物损坏;同时空气中的有害气体如硫化氢、二氧化硫、氨气等气体在一定条件下,会沉积和吸附在光盘表面,腐蚀破坏光盘,使光盘产生霉斑;另外,这些气体也会使光盘材料本身发生性能与结构变化,使信号难以检出,缩短寿命。

e)防磁辐射

物理隔离是至关重要的,它能保证光盘档案的真实可靠性。磁粉中的磁性氧化物颗粒的剩磁感应强度是记录再现信息的决定因素,它极易受到外磁场影响而导致退磁、消磁等。光盘是利用激光进行信息存取的,呈圆盘状,光盘载体的寿命一般为5~15年,因此,在使用与保管当中要防止其消磁与磁化。消磁与磁化会造成信号失落或信噪比降低,破坏记录信息,影响读出效果。

f)加强备份、迁移管理

光盘备份应一式三套,并根据需要进行定期的载体迁移和文件格式的转换,备份后的光盘长期保存计划的制订是非常必要的。任何备份方式都有其局限性,多种形式并举才比较稳妥,尽管要做许多重复性工作,投入相当多的资金,但是档案所具有的不再生性决定了档案备份必须安全稳妥。

g)保持信息读取面的清洁

光盘要用塑料薄膜罩上放回盘盒中,避免落灰、异物的污染。如果光盘落有灰尘时,不要用嘴吹或用手擦,这样不仅擦不掉灰尘,而且对光盘会造成新的伤害。应用干净的绒布或丝质布轻轻擦拭,方向由内向外,对无法擦掉的污物,可用少许清洁剂加水清洗。晾干后再使用,切忌用酒精清洗。触摸光盘时应带无纺棉质手套,以免对光盘造成损害。

h)防止标记的机械损伤

在光盘标记面上进行书写标记是一大忌。标记面的保护涂层非常薄,即便是轻微的划伤都有可能大面积地破坏信息记录的坑点。对光盘耐久性影响大的是红墨水,其次是蓝墨水等。此外,不要在保护涂层上贴标签,因为当标签失去黏性翘起时,铝膜也会被粘起,光盘上保护的数据也同时会被带走。

e.光盘应用

a)应用档案级光盘符合信息时代档案保管新模式的需要

随着信息技术和互联网技术的发展,越来越多采用传统载体的档案信息被转换为电子档案。在这样的背景下,档案的保管模式势必发生质变,再也不能像从前保管纸质档案那样保管电子档案。而对电子档案来说,最重要的是保存问题,保证电子档案信息的长期有效性。这就对保存电子信息的载体有着较高的要求,实践证明,光盘技术是解决这一问题的有效方式,而档案级光盘是光盘技术发展的成果。利用档案级光盘作为存储介质,档案信息的存储安全性将会得到有效保障。

b)应用档案级光盘符合自动化档案管理的要求

保证档案的完整与安全是保管的重中之重。保证档案信息的长期可读是档案工作人员的一项重要职责。应用档案级光盘,可实行档案工作的自动化管理,以达到档案资源数据的海量吞吐、随机存取、快速检索的目的。

c)应用档案级光盘符合保障公众信息权利的要求

知情权是指知悉、获取信息的自由与权利,包括从官方或非官方知悉、获取相关信息。狭义的知情权仅指知悉、获取官方信息的自由与权利。随着时代的发展,公众的权利意识日益增强,信息需求日趋强烈。保管不是档案工作的最终目标,档案工作最终是要满足公众对档案信息的获取,保障公众的信息知晓权。而档案级光盘的应用,为实施自动化管理,进而为保障公众获取信息的便利性与安全性奠定了坚实的基础。

第二节　数字档案资源安全防护

在大数据时代,大量的档案数字化副本、电子文件、音视频文件组成巨量的数字档案信息资源,数据风险和档案资源安全问题日益突出。由于硬件故障、软件崩溃、人为失误造成数据丢失,或者缺乏管理措施、面对潜在危险抱有侥幸心理、自然灾害直接导致数据丢失、日常备份和恢复工作不能严格开展等原因,自然环境风险、硬件系统风险、应用系统风险、网络安全风险和人为管理风险长期存在,数字档案资源安全必须作为数字档案资源管理的重要内容。

一、数字档案资源安全问题

数字档案信息安全主要包括三个方面:一是档案信息内容的原始真实性;二是档案信息内容不被篡改和泄露,即完整性和保密性;三是档案信息的长期有效性。由于数字档案信息自身的特点及它对技术的依赖性,使其安全极容易受到来自外界的威胁。因此,对于数字档案信息而言,其安全问题一直是管理的焦点问题。

(一)网络信息安全

在网络环境下,由于网络结构的不安全性、网络协议的脆弱性、网络传输的易拦截性和人为的疏忽,在网络结构的各个层次都存在安全隐患。

1. 物理层的威胁

物理层的档案信息安全面临的威胁是最底层的威胁,主要是对环境、硬件设备和线路的安全威胁。环境的安全威胁主要来自电源是否稳定不间断、有无抗静电、抗辐射、防尘、防水、防漏电等安全措施。硬件设备和线路的安全威胁主要包括自然灾害和人为灾害。自然灾害使得计算机硬件和设施损坏，无法实现正常的联网；人为灾害主要有无意失误和人为干扰两种。用户使用不当，安全配置设置不合理造成安全漏洞，给网络安全带来威胁；而人为干扰是有意地破坏网络底层设施，通过非法终端介入、线路干扰等各种手段，威胁计算机硬件设备的正常运转，致使系统瘫痪。

2. 链路层的威胁

链路层的档案信息安全面临的威胁主要是数据的安全威胁。其主要是指链路数据的泄露、丢失甚至被篡改或删除，从而破坏档案信息的完整性和可读性。另外，恶意的隐藏攻击可以采用不断的发送级别高的请求来占用节点资源，或发送大量的请求使档案数据库服务系统响应速度减慢甚至停滞，影响正常用户的使用，甚至使正常用户被排斥不能进入网络系统或不能得到相应的服务，这种威胁隐蔽性很强，一般会把它看成通信环境差，所以很难发现。

3. 网络层的威胁

网络层的威胁是档案信息安全威胁的主要来源层，是恶意攻击的重要方向，因为网络层主要负责数据路由的确定。面临的威胁主要有通过伪造路由信息来破坏路由协议，从而使数据丢失或失去原始真实性。最常用的攻击方式是针对软件和网络漏洞的黑客攻击和病毒攻击。黑客攻击主要是通过非法（非授权）访问，进入服务系统，窃取信息，造成文档的泄密，甚至进行违法操作，删除、修改、恶意添加，使正常使用者获得错误信息或者无法获得服务，干扰系统的正常运转。而病毒攻击主要是利用系统漏洞和人为的疏忽，潜入计算机系统，窃取文档、破坏系统，甚至打开系统"后门"，直接威胁档案的信息安全。

4. 传输层的威胁

传输层的安全主要是传输协议和密钥的安全。一旦传输协议和密钥被识别破译，数据的传输将完全暴露在网络中，失去安全保障。带来的威胁主要是攻击者可以复制，编造信息，从而向网络节点发送欺骗信息，使档案信息失去真实性和可读性，而且一旦欺骗信息时间标记准确，甚至可以破坏服务终端的交换数据的能力。

（二）数字档案信息安全

早在 1996 年国家档案局就成立了电子文件归档与电子档案管理研究领导小组，开展电子文档管理方法、技术、标注和构建管理体系等方面的研究。经过十几年的发展，在电子文档归档和电子档案管理办法等方面已经取得了一定的进展，但在网络化建设、法治建设、安全管理方面存在滞后性，在电子档案信息安全保障体系构建方面还存在应用系统安全、信息标准安全等方面的不足。

其中，电子档案信息安全保障体系建设的不足较为突出。档案信息安全保障是对档案信息和档案信息系统的安全属性及功能、效率进行保障的动态行为过程。它源于人、管理、技术等因素所形成的预警能力、保护能力、检测能力、响应能力和反击能力。

现阶段,在电子档案信息安全保障体系的构建中,突发事件多,档案信息资源缺乏生存能力;法规制度不健全,档案信息缺乏保护能力;标准不统一,档案信息安全缺乏执行能力;评估防范少,档案信息安全缺乏预警能力;专业人才短缺,档案信息安全缺乏发展能力;网络漏洞多,档案信息安全缺乏数字化技术支撑能力。

因此,中共中央办公厅、国务院办公厅印发《关于加强和改进新形势下档案工作的意见》,明确提出了档案信息安全的基本要求:"保障档案信息安全。建立标准,采取措施,确保电子文件、电子档案长期保存和利用。按照国家规定建立档案信息管理系统安全保密防护体系,推进档案信息系统安全等级保护和分级保护工作。进一步完善数字档案馆测评标准,严格执行档案安全保密管理制度,对上网文件、档案进行严格审查,严防把涉密文件、档案传输到非涉密网络上。加强对涉密信息系统、涉密计算机和涉密载体的安全保密管理,按照涉及国家秘密的信息系统分级保护要求,严防文件、档案在传输过程中失泄密。对涉密档案、重要档案的存储介质进行检验和认证,确保长期可用。"

二、安全防护体系

为做好数字档案信息安全工作,在档案数字化建设项目实施中,制定了较为完善和系统的安全防护体系。

(一)安全防护框架

档案数字化建设实践,探索建立了规范、有效的安全防护体系。

(二)安全管理策略

1. 夯实基础环境建设

基础环境建设主要包括基础设施建设、硬件环境和人为环境建设等内容。其中,基础设施和硬件环境建设主要是为了保护档案信息的实体安全,使网络基础设施、计算机、存储设备和其他档案载体免遭地震、水灾、火灾和其他环境事故的破坏,档案数据的异地备份是最为有效的措施之一。人为环境建设主要是加强档案管理人员的安全意识和责任意识,在落实制度的同时采用积极防御的策略,从思想根本上充分认识数字档案等各类档案信息安全保障的极端重要性。同时,人为环境建设还应该包括社会档案意识的培养和档案利用素养的提高,杜绝因为人为的疏忽大意造成档案信息的泄露、丢失或损坏,从而为奠定各类档案信息安全保障基石。

在良好的人为环境即管理服务环境的营造中,不仅要针对包括全校师生和校友在内的高校档案利用者进行档案宣传教育,重点要有针对性地提高高校各级领导和档案管理人员自身的档案意识,尤其是档案安全意识。对档案利用素养的培养,也要注重广泛性。为此,通过全面开展档案教育,已经确定了初步的成效。

2. 加强网络系统建设

为建立电子档案信息安全保障屏障,必须把网络系统建设作为重点。网络系统建设主要包括通过各种网络安全技术预防档案信息安全危害;通过软件安全评估审计与网络监测预警机制应对档案信息安全威胁;通过信息备份与恢复补救已成事实的灾难。

网络安全技术涉及的内容非常广泛,从广义上讲主要包括主机数据库安全技术、路由安全技术、身份认证技术、访问控制技术、密码技术、防火墙技术、安全管理技术、系统漏洞检测技术、病毒查杀技术、黑客入侵检测技术等。通过多种网络安全技术手段的综合应用,从网络安全的多个层面实现对数字化档案的安全防护。

(三)用户访问接口的安全设计

1. 用户访问控制

为确保数字档案资源在授权范围内进行开发和利用,需要使用资源访问控制技术对数字档案资源的访问进行限制。资源的访问控制主要有两种类型,一种是自主型访问控制(discretionary access control,DAC),另一种是强制型访问控制(mandatory access contro,MAC)。

(1)自主型访问控制

自主型访问控制的访问权限基于主体和客体的身份,用户可以设置访问控制机制来许可或拒绝对客体的访问。在自主型访问控制机制中,身份是关键,客体的拥有者通过允许特定的主体进行访问,以限制对客体的访问。拥有者根据主体的身份来规定限制,或根据主体的拥有者来规定限制。自主型访问控制也称为基于身份的访问控制。

(2)强制型访问控制

强制型访问控制是由系统机制控制对客体的访问,个人用户不能改变这种控制。在强制型访问控制中,主体和客体的拥有者都不能决定访问的授权,系统机制通过检查主体与客体相关的信息来决定是否可以访问客体,而规则是描述是否允许访问的条件。强制型访问控制一般应用在操作系统对系统资源的访问控制实现。基于角色的资源访问控制技术(role based access control,RBAC)是应用较为广泛的一种强制型控制技术。

基于角色的资源访问控制是实施面向企业安全策略的一种有效的访问控制方式。其基本思想是,对系统操作的各种权限不是直接授予具体的用户,而是在用户集合与权限集合之间建立一个角色集合。每一种角色对应一组相应的权限。一旦用户被分配了适当的角色后,该用户就拥有此角色的所有操作权限。这样做的好处是,不必在每次创建用户时都进行分配权限的操作,只要分配用户相应的角色即可,而且角色的权限变更比用户的权限变更要少得多,这样将简化用户的权限管理,减少系统的开销。

2. 用户请求的安全过滤

WEB 系统的交互式特性也带来相应的安全问题。恶意用户可以通过构造特殊的用户输入信息提交到系统中,从而达到非法获取系统数据或篡改信息的目的。同样,一些人也可能利用资源共享平台发布与系统无关或带有敏感色彩的话题，这都会为资源共享平台的正常运行带来影响。WEB 应用系统的一些常见漏洞（例如，SQL 注入、跨站漏洞）就是利用系统未对用户输入进行合规性检查导致的。因此，系统设计时，需要对所有用户输入信息（包括提交的参数信息）进行安全过滤。这些过滤包括检查输入信息中是否包含脚本语言特有的符号、是否含有敏感词汇等。在系统开发设计中，做好用户输入信息的安全过滤检查，可以极大地提高系统的安全性。

数据的安全防护主要指在数据的使用过程中，对数据的安全保护。资源共享平台在设计开发的过程中，难免出现一些未考虑到的安全问题。要保证资源共享平台的数据安全，选择功能丰富的专业数据安全防护产品，也是一种非常有效的方法。

针对 WEB 架构的档案资源共享平台，可以选择专门针对 WEB 应用的安全防护产品。这些产品包括软件产品和硬件产品。软件版本的 WEB 应用安全防护需要安装在每一台 WEB 服务器上，并与 WEB 应用集成。软件产品的代表有安全狗、iWall 应用防火墙，硬件版本的 WEB 应用安全防护通常部署在 WEB 服务器前端，可以串联和旁路的方式接入到网络中，对 WEB 服务器进行安全防护。硬件 WEB 安全防护的代表有安恒、启明星辰、绿盟、深信服等。

（四）资源共享平台安全设计

资源共享平台基于网络发布各类数字档案资源，必然面临网络上的各种安全问题。网络上 WEB 安全事件频发，基于 WEB 架构的档案资源共享平台的资源安全是一个必须关注的问题。为保证平台提供资源的准确性和可用性，需要从多个方面保护资源共享平台的资源安全。

1. 资源的版权保护

档案资源共享平台上展示的所有资源都存在版权归属问题。为更好地保护资源版权，在资源共享的同时，需要保护好相应资源的数字版本，包括限制资源的下载、复制和链接。主要通过以下方法实现资源的版权保护。

（1）版权说明

在资源共享平台上对资源的版权进行说明，强调未经版权人的明确许可，不得从网站复制、盗链和下载资源。当资源共享平台上发布的资源存在侵犯他人版权时，需立即处理。

（2）分级管理

对资源共享平台上的用户进行分级管理，仅得到系统授权的用户可以下载资源。且授权可下载的资源范围应该在系统中进行限制。

（3）屏蔽功能

屏蔽网页的鼠标右键菜单功能。鼠标右键菜单中通常有“图片另存为”“查看源文件”“迅雷下载”等功能，这些功能极大地方便了用户对网站资源的下载。通过屏蔽网页上的鼠标右键菜单功能,可在一定程度上减少用户对资源的下载。禁止鼠标右键功能通常采用 JAVASCRIPT 脚本,嵌入到需要禁止该功能的页面中实现。

(4)链接限制

使用防盗链技术对网站资源链接进行限制。盗链是指资源内容不在自己服务器上,而通过技术手段,绕过资源发布者的利益页面,直接在自己的网站页面上向最终用户提供相关资源内容。如盗取音乐、图片、软件等的下载地址,放置在自己的网站中。这种方法盗取资源原网站的空间和流量,影响资源发布的利益。防盗链技术则是防止这种对资源链接盗用的一种方法。通常使用的防盗链的技术方法是在 IIS 中安装配置 ISAPI_Rewrite、在 Apache 中配置 URL Rewrite 及其他第三方防盗链工具。

(5)水印保护

使用图像动态水印加载技术对档案资源的版权进行保护。通常意义上的图像水印技术是指在图像上添加文字或图像,以标识图像的版权信息。用户下载或打印添加水印标识的图像时,带有版权信息的水印始终保留,起到了对图像的版权保护作用。通常的实现方法是通过对原始图像的修改来实现。图像动态水印加载技术是指在图像加载到页面时,动态在图像上添加水印标识,不改变原始图像。这种方法能很好地保持原始图像的原貌和特性,更适合用于对历史档案图像的版权保护。在技术领域还有一种数字图像水印技术,这种技术是基于人的视觉系统灵敏度相比听觉系统较低,利用灵敏度和掩蔽效应实现的一种数字图像版权保护的方法。它要求数字图像水印系统具有鲁棒性(抵抗常见图像处理操作的能力,也就是含水印图像经历无意修改而保留水印信息的能力)、透明性(不明显干扰被保护的图像数据)、安全性(抵抗恶意攻击的能力,能承受一定程度的人为攻击,从而水印信息不会被删除、破坏、窃取)等特点。这种数字水印技术对数字档案的版权保护也是一个非常好的选择。

2. 数据的隐私保护

在资源共享平台中,涉及多种密码,包括用户密码、管理员密码等。这些密码是验证登录系统的用户身份凭证,一旦泄露,将给系统带来严重的安全隐患。因此,需要采取技术错误保护这些密码数据。

密码通常保存在数据库中,数据库数据泄露会导致用户密码的泄露。近几年已有许多大型网站被“拖库”,导致用户数据(包括用户密码)泄露。

为保护密码安全,对密码进行加密处理是一种有效的方法之一。通常的做法是对需要保护的密码进行 HASH 运算(如 MD5、SHA-1 等),在数据库中保存密码的 HASH 值。当用户提交密码进行身份验证时,对用户提交的密码再次进行相同的 HASH 计算,然后将结果与数据库中保存的密码 HASH 进行比对,以实现用户身份验证。

(五)数据与服务的备份

采取有效措施对档案资源共享平台数据进行保护,保证系统的持续可用与信息安全,是建设资源共享平台时必须考虑的问题。针对档案资源在线数据的保护,在档案数字化建设项目中,主要采用数据的备份与恢复,确保数据的安全防护。

其中,数据备份是容灾的基础,是指为防止系统出现操作失误、系统故障或安全攻击等导致数据丢失,而将全部或部分数据从当前存储位置复制到其他存储位置或介质上。对资源共享平台的数据备份是指对包括数字档案资源和用户信息在内的系统所有数据信息的备份保存。有效的数据备份可以降低数据丢失的风险。对基于 WEB 架构的资源共享平台,由于内容具有动态特性,应定期进行数据备份。备份的内容包括对数据库、数字档案资源文件及网站系统的备份。备份方法包括全备份和增量备。备份的时间周期根据业务系统需要确定。通常情况,一个月或更长的时间进行一次数据的全备份,对动态更新较频繁的数据,选择每天进行一次增量备份。备份的时机一般选择系统空闲时,如凌晨两点。数据备份的格式选择应兼顾减少对磁盘空间占用和利于快速的数据恢复。

数据恢复是系统发生故障或数据丢失后,使用数据备份,将业务系统恢复到正常运行状态的过程。在进行数据备份时,就应该根据选择的数据备份方法,确定数据恢复的方法和步骤,以达到快速恢复数据和业务系统运行的目的。

第三节　数字档案资源开发规划

数字档案资源开发是档案管理服务的关键内容,必须开展科学的项目管理,重点做好规划管理工作,把制定和实施数字档案开发规划作为重中之重。数字档案资源开发规划管理要从计划、组织、协调和控制等方面入手,对数字档案资源开发项目中涉及的各项工作进行综合、完整、全面、系统地总体设计,并采取有效的措施保证其取得预期的目标和效果。

一、主要内容

规划一般分为长期规划、中期规划和短期规划。一般而言,长期规划通常指有五年以上执行期的规划,有时又称为远景规划,是确定和预测组织未来前途的动态活动,更多地体现战略性计划特色。中期规划通常指有五年以下、一年以上执行期的规划,在一个相对稳定的时间范围内指导和规范组织管理行为,更多地体现战术性计划特色。短期规划通常指有一年以下执行期的规划,是在最近时期内促使组织为达到长期和中期目标的行动方案,更多地体现策略性计划特色,一般称之为计划。在数字档案资源开发规划管理中,长期规划侧重于制定数字档案资源开发政策,中期和短期规划侧重于数字档案资源开发政策的具体化和落实,前者与档案机构的建立宗旨相关联而具有一定的稳定性和指导性,后者更加突出以具体项目的实施为依托并强调数字化建设的可行性和效用性。

数字档案资源开发规划管理的主要内容是制定和实施数字档案资源开发规划。数字档案资源开发规划从理论上讲,属于项目建设规划。一般而言,项目建设规划的组成要素主要包括三个部分,即目标、措施和步骤。

(一)数字档案资源开发目标

一个健全的项目建设规划必须具有明确的项目建设任务,预见并努力达到一定的新的管理服务水平和效益,因此必须有其目标。所谓目标,就是在一定时期内特定的活动或项目所要达到的成果、效益和效率。目标既是建设项目的归宿和终点,又是管理服务的新起点。正是由于目标循环往复的激励作用才使管理服务活动处于不断发展和更新之中。

不同的档案机构需要立足实际确立各自的数字档案资源开发目标。从共性的角度出发,数字档案资源开发必须实现以下总体目标。

1. 有效激活档案资源

档案管理服务的基础是类型多样、功能各异的档案资源,离开档案资源及其收集、加工和传递,档案机构的服务功能也无从谈起,也是"巧妇难为无米之炊"。当然,仅仅有"米"也不行,仅仅拥有这样或那样的档案也不过是有了生产原材料而已。数字档案资源开发的第一要义,就是要立足数字时代,使数字档案资源真正成为档案机构最有效的服务资源,成为档案用户最为需要的发展资源。因而,有效开发数字档案资源既是档案机构档案资源管理的主要途径,又是档案机构档案资源管理的重要功能。开发数字档案资源必须具有科学性,必须运用科学的手段和方法,充分挖掘数字档案资源集合中的信息内涵,将信息内涵加以完整、准确地揭示,才能真正发挥数字档案资源的信息效益和文化效益,满足档案用户的实际需求。因此,有效激活档案资源成为档案机构数字档案资源开发的重要管理任务。

2. 全面满足社会需求

有效开发数字档案资源不仅仅为了发挥档案资源的资源效益,而且更重要的是为全面满足档案机构用户的社会需求打下坚实的基础。在某种意义上讲,档案资源开发和利用是档案机构的档案资源管理密不可分的两个方面,前者是手段和条件,后者是目的和归宿。因而,档案机构的档案资源管理必然要着眼于发挥数字档案和其他各类档案资源的总体效益,也就是要全面满足社会的档案需求。从整个社会档案机构的群体来讲,档案机构必须充分而完整地满足社会用户各种档案需求。但是,特定的档案机构总是有一定的性质、任务和范围的限制,所以,具体档案机构的社会贡献总是有限的,总是服务于一定的社会人群的。无论一个档案机构的服务对象如何、范围如何,数字档案资源管理都必须强调档案资源的合理利用,都必须强调档案需求对档案资源开发的约束性，即在档案用户及其需求研究的基础上进行数字档案和其他各类档案资源的有效开发。所谓数字档案资源的有效开发，其有效性不仅是指数字档案资源开发技术与方法的合理性和准确性，而且是指数字档案资源开发成果对应于档案用户具体需求的匹配性和合意度。

3. 努力实现社会价值

档案机构的数字档案资源开发活动是档案机构各项管理服务活动的关键，是实现信息机构社会价值的主要方面。档案机构的社会价值既体现在档案机构通过档案资源开发产品和服务而创造的自身的社会价值，又体现在社会档案用户利用档案机构的档案资源开发产品和服务而创造的社会价值。不管哪一种社会价值都建立在档案资源的有效开发之上，没有档案资源的有效开发就没有档案机构的档案资源开发产品和服务，也就没有社会档案用户对信息机构的档案资源开发产品和服务的利用，也就没有社会档案用户对新价值的创造，档案机构的社会效益和经济效益也就更无从谈起。因此，档案机构的数字档案资源开发活动在整个档案机构的管理服务中具有关键性的地位和作用，甚至可以在某种意义上说，档案机构的其他管理服务活动归根结底都是为档案资源开发和利用创造条件、提供手段、确定前提、给予保障的。

（二）数字档案资源开发措施

要实现数字档案资源开发目标，档案机构需要选择相应的建设方法和手段，对相关资源进行有效调用和配置，因此必须有实现项目建设目标的措施。所谓措施，则是为了实现不同层级的项目建设目标，在目标分解、细化的基础上提出的具体的、可操作的方式、方法和对策。换句话说，措施就是为了实现目标而确定的行动指南和具体途径。因此，数字档案资源开发措施的制定必须量体裁衣，切实可行。

（三）数字档案资源开发步骤

项目建设措施的实施不是随意性的管理服务活动，需要把握项目建设目标的特质、契合档案管理服务的特性，因此必须将实施措施加以分解，形成可操作的项目建设步骤。所谓步骤，就是将各种项目建设措施进一步程式化的结果，形成前后关联、步调一致、切实可行的实施方案。步骤是基于目标、落实措施的项目实施程序，是扩大了的、充分考虑到现实管理服务环境的、一环紧扣一环的行动组合。因此，数字档案资源开发步骤的确定必须明确有效，易于控制。

二、基本原则

无论从哪个意义上看，数字档案资源开发规划都必须在一定的科学原则的指导下进行，要切实避免数字档案资源开发工作的随意性、无计划性和盲目性等情况，使其真正发挥整序信息、激活资源、分流管理、促进选择、保证利用的功能和作用。

(一)目的性

数字档案资源开发规划工作具有鲜明的目的性,必须充分围绕数字档案资源的具体特征和档案用户的信息需求开展工作,尤其是必须充分注意档案机构的社会需求状态及其变化特征。数字档案资源开发的效果在很大程度上体现了档案资源管理和服务的水平。档案机构的档案资源建设是基础,档案资源组织是关键,档案资源服务(主要包括档案资源开发产品和服务)是目的。为了实现数字档案资源开发工作的目标,必须注重档案资源建设工作的主动性和针对性、档案资源组织工作的计划性和长期性、档案资源开发的复杂性和效应性,以及与档案机构本身性质、特点和能力的适应性。

(二)系统性

对于一个档案机构来说,没有系统性的数字档案资源开发规划工作是不可能实现其整体目标的,必须全面、协调地加强“三个体系”建设。为实现数字档案资源开发工作的系统性,必须把握档案机构与相关图书情报和文博机构的协调性、档案资源建设中重点与非重点之间的区别性、不同档案资源类型之间的互补性、档案资源管理各个环节之间的联系性、不同档案资源管理方法之间的规范性。因此,在数字档案资源开发中,既要突出重点,又要具有广泛性;既要形成拳头产品,又要丰富服务手段。

(三)客观性

在档案机构的数字档案资源开发规划中,必须把握客观规律,根据档案机构的性质任务和具体要求对各种档案资源,合理、有意识地加以选择、甄别,构建一个结构合理、类型齐备、功能突出、层次分明的档案资源系统,并有步骤地实现全面数字化和现代化。在档案资源组织中,必须客观而准确地描述和揭示数字档案资源的外在特征与内容特征,要根据数字档案资源本身所反映的各种特征加以科学地反映、序化和分析,形成相应的数字档案资源组织成果,在此基础上形成数字档案资源开发的成果。在数字档案资源开发中,必须注意开发技术方法的客观性,既不能损害数字档案资源的本来效用,也不能歪曲档案资源本身,确保有效开发利用和档案真实安全的一致性。

(四)现代化

档案机构的数字档案资源开发工作必须走现代化发展道路。数字档案资源开发现代化一方面表现为思想观念的现代化,另一方面表现为技术手段的现代化。其中,数字档案资源开发的思想观念的现代化集中体现在数字档案资源开发的管理科学化和发展合理化方面。而数字档案资源开发的管理科学化表现为目标的发展观、思维的用户观、决策的效益观和活动的经济观,数字档案资源开发的发展合理化表现为工作的协调性、方法的多元化、技术的规范性和成果的适应性等方面。数字档案资源开发技术手段现代化则集中体现在各种现代信息技术、管理技术在档案机构数字档案资源开发的全面应用之中。

参 考 文 献

[1] 张玉霄. 数字档案信息资源安全管理研究[M]. 长春:吉林大学出版社,2020.

[2] 谭萍. 基于大数据环境下创新型档案管理与服务研究[M]. 长春:吉林人民出版社,2020.

[3] 周林兴. 面向社会的档案信息资源规划研究[M]. 北京:人民出版社,2019.

[4] 陈超. 档案工作的美学研究[M]. 延吉:延边大学出版社,2019.

[5] 叶杨,许红婷,廖志豪. 图书馆管理与档案信息资源利用[M]. 长春:吉林美术出版社,2018.

[6] 王运彬. 基于价值全面实现的档案信息资源配置[M]. 北京:社会科学文献出版社,2018.

[7] 冯向阳,尹丽华,张瑞. 互联网环境下档案与图书信息化资源管理[M]. 长春:吉林文史出版社,2018.

[8] 刘亚静. 档案管理信息化与自动化探索[M]. 天津:天津科学技术出版社,2018.

[9] 王辉,关曼苓,杨哲. 大数据环境下档案信息化管理[M]. 延吉:延边大学出版社,2018.

[10] 金波. 档案学导论[M]. 上海:上海大学出版社,2018.

[11] 吴蓓. 档案管理与信息资源[M]. 长春:吉林文史出版社,2017.

[12] 金晓光. 档案信息资源的开发与利用[M]. 延吉:延边大学出版社,2017.

[13] 李晓艳,谷丽华,丁靖. 档案管理与信息资源开发[M]. 哈尔滨:哈尔滨地图出版社,2018.

[14] 张忠岭,裴仁华,王伟. 档案管理与情报信息资源存储利用[M]. 北京:北京工业大学出版社,2018.

[15] 李青山,张洪生. 企事业单位干部人事档案数字化管理实务[M]. 北京:中国水利水电出版社,2021.

[16] 周璐. 声像档案管理实务[M]. 昆明:云南科技出版社,2020.

[17] 张凤丽,胡雪飞,孙娜. “互联网+”背景下档案信息建设的新发展[M]. 长春:吉林大学出版社,2020.

[18] 陈世雄. 档案数字化和数字档案工作实录[M]. 长春:吉林文史出版社,2019.

[19] 杨振力. 智慧档案馆建设[M]. 北京:中国戏剧出版社,2019.
[20] 黄丽华. 档案数字化风险与管理[M]. 北京:中国文史出版社,2018.
[21] 庞海涛,马振犊,李洪. 档案数字化前处理工作概论[M]. 北京:中国文史出版社,2018.
[22] 赵娜,韩建春,宗黎黎. 信息化时代的档案管理精要[M]. 天津:天津科学技术出版社,2018.
[23] 谢方. 数字音像档案研究与开发应用[M]. 北京:中国广播电视出版社,2017.
[24] 吴娜,王媛. 会计档案管理实务[M]. 北京:当代中国出版社,2020.
[25] 陈苏东. 档案管理原理与务实[M]. 长春:吉林摄影出版社,2020.
[26] 亢云洁,康琤琤. 档案管理实务[M]. 北京:原子能出版社,2020.
[27] 李晓蕾. 会计档案管理探索与实践[M]. 长春:吉林科学技术出版社,2020.
[28] 刘月文. 档案管理和信息化研究[M]. 西安:西北工业大学出版社,2020.
[29] 邹绮. 文书与档案管理基础知识[M]. 3 版. 北京:中国劳动社会保障出版社,2020.